100 receitas **sem leite** e derivados

SABRINA SEDLMAYER

100 receitas **sem leite** e derivados

GUTENBERG

PROJETO GRÁFICO
Diogo Droschi
Tamara Lacerda

EDITORAÇÃO ELETRÔNICA
Tamara Lacerda

REVISÃO
Cecília Martins
Lívia Martins

EDITORA RESPONSÁVEL
Rejane Dias

Revisado conforme o Acordo Ortográfico da Língua Portuguesa de 1990, em vigor no Brasil desde janeiro de 2009.

EDITORA GUTENBERG LTDA.

São Paulo
Av. Paulista, 2073, Conjunto Nacional, Horsa I,
11° andar, Conj. 1101
Cerqueira César . 01311-940
São Paulo . SP
Tel.: (55 11) 3034 4468

Belo Horizonte
Rua Aimorés, 981, 8° andar
Funcionários . 30140-071
Belo Horizonte . MG
Tel.: (55 31) 3214 5700

Televendas: 0800 283 13 22
www.editoragutenberg.com.br

Dados Internacionais de Catalogação na Publicação (CIP)
(Câmara Brasileira do Livro, SP, Brasil)

Sedlmayer, Sabrina
100 receitas sem leite e derivados / Sabrina Sedlmayer.
-- Belo Horizonte : Editora Gutenberg, 2012.

ISBN: 978-85-65383-65-3

1. Culinária (Receitas) 2. Alergia a leite 3. Intolerância a leite 4. Nutrição 5. Saúde alimentar I. Título.

12-07024 CDD-641.5

Índices para catálogo sistemático:
1. Receitas sem leite : Culinária : Economia doméstica 641.5

Para o João.

Sumário

Bolos e outras companhias

Comidinhas leves

Pratos substanciosos

Sobremesas para arrematar

Alguns lembretes para alérgicos e intolerantes a leite e derivados

1. Leia sempre os rótulos de todos os produtos industrializados. As fórmulas não são imutáveis, costumam ser alteradas. Para melhor visualização, leve uma lupa ao supermercado para verificação.
2. Todos os alimentos a seguir **devem** ser evitados: leite (integral, semidesnatado, desnatado, em pó, etc.) de vaca, de cabra e de ovelha; soro de leite; manteiga; margarina; manteiga indiana (*ghee*); requeijão cremoso; coalhada; creme de leite; leite condensado; todos os queijos (com exceção do tofu, que é feito de soja); doce de leite; iogurte (exceto os de soja).
3. Alguns nomes que devemos **saber de cor** para seguirmos com a dieta livre de proteínas do leite: lactose; caseína; caseína hidrolisada; lactoglobulina; lactoferrina; caseinato (magnésio, sódio, cálcio, amônia); proteína láctea, composto lácteo, leitelho, fosfato de lactoalbumina. Essas nomenclaturas indicam presença de leite e derivados.
4. Os ingredientes a seguir **podem** possuir proteínas do leite: sabor cremoso; corante caramelo; sabor artificial de queijo; sabor artificial de manteiga.
5. **Ocasionalmente** encontram-se proteínas do leite nos seguintes produtos industrializados: picolés de frutas; batatas fritas (onda e palha); chantilly vegetal; embutidos em geral (mortadela, presunto, salsichas e salsichões, salames, linguiças, etc.); pães e bolos; macarrão instantâneo.
6. Tenha particular atenção com os alimentos que são vendidos em bandejas de plástico sem a descrição dos ingredientes.
7. Prefira, quando quiser consumir embutidos, peças inteiras, que não foram cortadas nem manipuladas em máquinas que fatiam também queijos. Lembre-se sempre das facas, liquidificadores e outros recipientes que podem contaminar o produto.

8. Se for dividir aparelhos domésticos como o liquidificador (ou batedeira) com um grupo de não alérgicos, prefira os de vidro, que são mais fáceis de limpar do que os de plástico.
9. Ligue, sempre que tiver dúvida em relação aos ingredientes de algum produto industrializado, para os 0800, SAC e outros serviços de atendimento ao consumidor, cujos telefones constam nas embalagens. Grandes marcas, inclusive, solicitam cadastro e informam, mensalmente, via e-mail, detalhes sobre produtos que alteraram a composição, além de outras novidades relacionadas a lançamentos sem leite.
10. Caso queira comer fora de casa, no Brasil, privilegie restaurantes japoneses, chineses, árabes e churrascarias. Não significa que isso será seguro. Aonde você for, converse francamente com o garçom e o *maître*. Faça um pequeno cartão com a lista dos produtos interditados (leite, manteiga, creme de leite, margarina, etc.) e, no verso, os permitidos (óleo, azeite, gordura de palma e banha). Peça para que verifiquem, na cozinha, se o prato que deseja não possui nenhum dos ingredientes proibidos. Aconselho que você leve sempre esse cartão junto com todos os documentos de identificação na carteira utilizada no dia a dia. É prático, objetivo e evita ruídos na conversação com desconhecidos.

Comida e afeto

Quando meu filho tinha dois meses, experimentou pela primeira vez leite industrializado destinado a bebês. As reações foram violentíssimas com a ingestão de apenas quatro mililitros do produto. Nesse dia descobrimos que ele era alérgico a leite.

Mesmo tendo zelo e cuidado, foram numerosos os choques anafiláticos e as internações em CTIs. Daquele tempo, me lembro da ânsia febril de tentarmos nos aprofundar no tema e de nos depararmos, reiteradamente, com um enorme vazio de informações coerentes e seguras sobre este tipo específico de alergia. Fizemos, na altura, o que era mais natural e instintivo diante do não sabido: decidimos nos apoiar totalmente no sábio processo de aleitamento materno, e, pessoalmente, também parei de consumir leite de vaca e de cabra, como forma de prevenir as cólicas intestinais intensas que o meu consumo de lactose e caseína causava ao pequeno.

Após nove meses de amamentação, ele passou a tomar "leite de peito de frango", receita que encerra este livro como forma de homenagem e agradecimento a um pediatra europeu que, durante a Segunda Guerra, com a perda de tantas mães, inventou uma receita nutritiva que viabilizou a sobrevivência de muitas crianças órfãs. Julgo agora que talvez tenha sido no preparo cotidiano e silencioso desse "leite" que um esboço de desejo surgiu e hoje se concretiza: a vontade de disseminar, para um grupo maior de pessoas que sofrem com intolerância ou alergia, um pouco do aprendizado e da memória culinária que a nossa família, com a ajuda de muitos amigos e de competentes pediatras, construiu durante todos esses anos.

Este livro – deve-se esclarecer logo a princípio –, não é escrito por uma especialista no assunto. Não sou nutricionista, nem mesmo engenheira alimentar; minha profissão é a educação e a pesquisa. Trata-se de um livro de mãe. Diletante no tema, acrescentaria, mas um bocado curiosa. Um amigo querido do meu pai brinca sempre, quando ocasionalmente me encontra, que se lembra de uma criança muito pequena, de uns sete anos, em cima de um banco, fritando ovos para oferecer às visitas, numa noite em que estas chegaram bem depois do jantar ter sido servido. Uma pequena cicatriz na mão direita, hoje com forma de estrela, me faz recordar também de quando fiz o primeiro pudim. Já na universidade, ofereci disciplinas optativas sobre a relação entre comida e literatura. Foram sempre encontros intensos, vibrantes, salas cheias, que, mesmo sem receitas e comidas, eram absolutamente instigantes e alegres. Refletíamos sobre como a literatura era capaz de trabalhar certos temas (infância, amor, morte, memória, entre outros) de forma específica quando atrelada ao tema da comida. Líamos muito. É assim que Pedro Nava, Monteiro Lobato, Fernando Pessoa, Baudelaire, Raduan Nassar, Marguerite Duras, Proust, Rubem Fonseca, Eça de Queiroz, Câmara Cascudo, Milton Hatoum, Walter Benjamin, Michel Serres, Alice Toklas e mais duas dezenas de autores e pensadores são, fortuitamente, intercessores desse livro. Mesmo que não sistematicamente, eles sempre defenderam que comida não é apenas um caso de nutrição. Como se pergunta Álvaro de Campos, no poema "Dobrada à moda do Porto": "Mas, se eu pedi amor, porque é que me trouxeram Dobrada à moda do Porto fria?"

Essas receitas, assim, não têm preocupação macrobiótica nem vegetariana. São, antes de tudo, saborosas. Em segundo plano, prezam por serem saudáveis e nutritivas. E todas, sem exceção, foram feitas para serem servidas com a alegria do encontro, da reunião. Este livro também poderia ser lido como uma reação à frieza da indústria alimentar brasileira e à negligência do poder público. É necessário que os produtos industrializados explicitem, nas embalagens, os ingredientes ali presentes, trazendo informações mais detalhadas, assim como ocorre com o glúten. No entanto, até hoje, a maioria das empresas traz dizeres vagos, reticentes e utiliza frases impressionistas como "pode conter traços de leite" ou "este produto foi manipulado em uma fábrica em que há utilização de leite", e não dizem, diretamente "contém leite" ou "não contém leite".

Se, por causa da restrição ao leite e todos os seus derivados, alimentos como manteiga, creme de leite, margarina, leite condensado, queijo, chocolates, presuntos e embutidos tiveram que ser varridos do cotidiano, da geladeira, dos nossos hábitos alimentares, como vocês poderão observar nas páginas seguintes, uma outra série infinita de alimentos deliciosos foi descoberta e redescoberta por nossa família. Descobrimos que a crença de que o leite é a única fonte de cálcio e que ele deve ser a base da alimentação é um mito. Percebemos que tal colocação corrobora certa infantilização do paladar do adulto. Verduras, frutas, peixes, receitas do tempo das avós estão aqui reunidas e demonstram que, na época em que não havia leite pasteurizado, a saúde ia bem, obrigada. É necessário também recuperar a imagem do PF brasileiro (arroz, feijão, ovo, verdura ou legume, carne e farofa), que nada leva de leite e é considerado, por diversos especialistas no assunto, uma refeição completa.

Hoje, já crescido, meu filho é muito forte e saudável e um dos mais altos da escola, se comparado com meninos de sua faixa etária. E lida com bastante veemência e desenvoltura com a sua história. Sabe que existe, no mundo, um trilhão de crianças com restrições alimentares e que este problema cresce vertiginosamente no mundo ocidental, ao contrário do que ocorre no Oriente. Nunca reconhecemos, em seu discurso, traços de vitimização. Diabéticos e hipertensos também vivem em estado de vigília, como ele. Não carregam para todo lado adrenalina, mas levam outros apetrechos que salvam.

Lutamos, assim, com dois preconceitos básicos: um, a desinformação, que trata o caso como "frescura" e "capricho"; outro, que vê essa alergia como "doença". Ambos são terríveis e devem ser desconstruídos como todo equívoco que é capaz de desrespeitar o outro.

Uma palavra muito em voga hoje é "inclusão". Talvez este livro trabalhe, indiretamente, com esse gesto ético. Mas também lida com algo bem antigo, contido na frase que todos sabemos de cor, de coração: "Tomai e comei, tomai e bebei, fazei isto em memória de mim". Eis a etimologia da palavra "comemorar": fazer memória em conjunto.

Acima de tudo, estas cem receitas, todas testadas, realizadas e apreciadas em nosso cotidiano, pretendem levar você, leitor, a caminhos culinários capazes de ampliar os sentidos e deixarem-no mais feliz por estar vivo (e faminto!).

Sabrina Sedlmayer

Bolos e outras companhias

1

Bolo de banana e granola

Ingredientes

6 bananas-caturras (nanicas)
2 ½ copos (americanos) de açúcar mascavo
3 ovos
½ copo (americano) de óleo de girassol
2 copos (americanos) de farinha de rosca
1 copo (americano) de granola
1 colher (sobremesa) de fermento em pó
1 colher (café) de bicarbonato

Rendimento: 10 a 12 porções

Modo de preparo

Bata o açúcar, os ovos, o óleo e as bananas no liquidificador até obter um creme homogêneo. Misture, posteriormente, os ingredientes secos: a farinha, a granola e, por fim, os fermentos. Unte a forma com óleo. Leve ao forno preaquecido a 180/200 graus por cerca de 30 minutos ou até que, espetando-se um palito, este saia seco.

Dica gourmet

Você mesmo pode preparar a granola. Utilize sementes de papoula e gergelim negro e branco, quando quiser variar o gosto. E enfeite o bolo com um punhado dessa mistura.

Dica importante

Quanto melhor for a qualidade da granola, melhor ficará o bolo. Caso opte por comprá-la pronta, verifique os ingredientes atentamente. Observe que esta receita não leva farinha de trigo, por isso a grande quantidade de bananas, que devem estar bem maduras.

2
Broa delicada de fubá

Ingredientes

½ xícara (chá) de óleo
4 ovos
2 xícaras (chá) de açúcar cristal
3 copos (americanos) rasos de fubá
3 colheres rasas (sopa) de farinha de trigo
400 ml de leite de coco
1 pitada de sal
1 colher (sopa) de fermento em pó
Açúcar com canela a gosto

Rendimento: 12 porções

Modo de preparo

Preaqueça o forno a 150 graus. Coloque o óleo no liquidificador. Junte os 4 ovos e comece a bater. Adicione o açúcar e, à medida que começar a pesar, junte o leite de coco aos pouquinhos. Acrescente o fubá, a farinha de trigo e o sal. Bata por um minuto. A massa deve ficar na consistência de um mingau grosso. Acrescente o fermento e bata mais um pouco. Unte, com óleo, um tabuleiro 23 x 35 (número 2).

Asse a massa por cerca de vinte minutos no forno a 150 graus. Aumente, em seguida, para 200 graus e asse por mais ou menos cinco minutos ou até que, espetando-se um palito, este saia seco. Retire o bolo do forno e polvilhe, ainda quente, com a mistura de açúcar e canela.

☑ Dica gourmet

Para variar este delicioso bolo com jeito de roça, regue-o com leite de coco fresco e, se quiser, salpique coco ralado em cima.

3
Bolo de cenoura com calda de chocolate

Ingredientes

Bolo

4 ovos
1 xícara (chá) de óleo
3 cenouras pequenas picadas
1 xícara (chá) de açúcar
3 xícaras (chá) de farinha de trigo
1 colher (sopa) de fermento em pó
1 pitada de sal

Calda

90 g de chocolate de soja (ou 100 g de chocolate amargo em concentração mínima de 70% de cacau)
½ xícara (chá) de água
2 colheres (sobremesa) de açúcar

Rendimento: 12 porções

Modo de preparo

Preaqueça o forno (180 a 200 graus). Unte com óleo uma forma de buraco no meio com 24 cm. Posteriormente bata no liquidificador as cenouras picadas, os ovos e o óleo, até adquirir uma massa homogênea. Em outra vasilha, junte a farinha, o fermento e o sal. Vá acrescentando devagar a mistura da cenoura aos ingredientes secos. Misture delicadamente. Despeje a massa na forma untada com óleo e asse por cerca de meia hora. Para a calda, é só derreter o chocolate em banho-maria e adicionar um pouco de açúcar e água (isso se o chocolate for amargo, pois o de soja já possui açúcar).

★ Dica importante

Há marcas de chocolate em barra com alto teor de cacau que não levam leite e derivados. E há a opção de utilizar as de soja, que estão cada vez mais saborosas.

4 Bolinhos de cenoura

Ingredientes

3 xícaras (chá) de cenoura ralada fina
¾ de xícara (chá) de óleo vegetal
4 ovos inteiros
1 xícara (chá) de açúcar mascavo
½ xícara (chá) de açúcar branco refinado
2 xícaras (chá) de farinha de trigo branca
1 colher (café) de fermento em pó
1 colher (café) de bicarbonato de sódio
1 colher (café) de sal
1 colher (café) de canela em pó
1 colher (café) de noz-moscada em pó
16 forminhas (tipo empada)

Rendimento: 20 forminhas

Modo de preparo

Acenda o forno e mantenha-o a 180 graus. Misture os ovos inteiros, o óleo e os açúcares numa tigela. Bata a massa vigorosamente por uns 30 segundos. Mescle os ingredientes secos separadamente e junte-os à primeira mistura, mexendo bem, até que a massa esteja lisa e uniforme. Adicione a cenoura e mexa, até que ela se distribua homogeneamente. Unte com óleo e polvilhe, com farinha de trigo, as forminhas. Coloque a massa nas forminhas preparadas e asse por aproximadamente 30 minutos ou até que, espetando-se um palito, este saia seco.

★ Dica importante

O segredo do sucesso desse bolinho é a mistura. Não economize esforços ao bater tudo à mão, com a velha e boa colher de pau, como antigamente. Depois de assados, deixe os bolinhos nas forminhas por 10 minutos e desenforme-os sobre uma grade, para que terminem de esfriar. Se preferir fazer em uma forma tradicional, com furo no meio, também fica ótimo.

Dica gourmet

Para um bolo mais rico, adicione passas, nozes, castanhas ou até frutas cristalizadas. A água da cenoura é que une os ingredientes e faz com que esta receita saia bastante macia.

5

Bolo americano de frutas

Ingredientes

2 ovos
2 bananas-caturras (nanicas)
⅔ de xícara (chá) de óleo de milho
1 xícara (chá) de açúcar mascavo
½ xícara (chá) de melado de cana
1 colher (sobremesa) de canela em pó
2 xícaras (chá) de farinha de trigo
1 colher (café) de sal
1 colher (chá) de cravo-da-índia em pó
1 colher (sopa) de fermento em pó
1 xícara (chá) de uvas-passas brancas sem sementes
1 xícara (chá) de uvas-passas pretas sem sementes
1 xícara (chá) de frutas cristalizadas
½ xícara (chá) de nozes picadas
½ xícara (chá) de banana passa

Rendimento: 10 porções

Modo de preparo

Preaqueça o forno a 180 graus. Bata os ovos, as bananas e o óleo no liquidificador e reserve. Prepare, posteriormente, o recheio: numa tigela peneire todos os ingredientes secos, junte as frutas e a massa reservada, misturando sem muito vigor. Transfira para a forma de bolo americano, untada com óleo e forrada com papel-manteiga. Asse em fogo moderado (180 graus) por cerca de 30 minutos, até que, espetando-se um palito, este saia seco.

★ Dica importante

O recheio pode ser alterado à vontade. Se não tiver passas, coloque ameixa preta. Se não tiver nozes, utilize castanha-do-pará. Se quiser acrescentar maçãs, também fica delicioso.

Dica gourmet

Depois de assado, cubra o bolo com um *fondant* de chocolate.

6 Bolo de coco

Ingredientes

4 ovos médios
1 xícara (chá) de açúcar mascavo
½ xícara (chá) de leite de coco
1 ½ colher (sopa) de óleo de coco
1 xícara (chá) de farinha de coco
1 colher (chá) de fermento em pó

Rendimento: 10 porções

Modo de preparo

Preaqueça o forno a 180 graus. Bata as claras em neve e reserve. Numa outra vasilha, misture as gemas, o açúcar mascavo e o óleo de coco. Acrescente o leite de coco aos poucos e vá mexendo delicadamente. Em seguida, adicione o fermento e as claras em neve. Misture. Usando um pincel unte a forma com o óleo de coco e polvilhe com um pouco da farinha de coco. Asse em forno moderado.

★ Dica importante

Este bolo não contém glúten.

7
Bolo de mexerica/tangerina

Ingredientes

3 mexericas cariocas/tangerinas (aquelas pequenas) com casca e sem sementes
4 ovos
2 xícaras (chá) de açúcar refinado
1 copo (americano) de óleo
2 xícaras (chá) de farinha de trigo
1 colher (sopa) de fermento em pó
1 pitada de sal

Rendimento: 12 porções

★ Dica importante

O preparo do bolo deve ser feito rapidamente para evitar que a casca torne-o amargo.

Modo de preparo

Preaqueça o forno a 180 graus. Bata no liquidificador as mexericas, os ovos, o açúcar, o óleo e o sal. Despeje numa tigela e acrescente a farinha e o fermento em pó. Coloque numa forma untada com bastante óleo vegetal.

☑ Dica gourmet

Após untar a forma com óleo, polvilhe-a com açúcar cristal. Tal adição deixará o bolo com aspecto caramelizado.

8
Bolo de mel

Ingredientes

250 ml de mel líquido, aquecido em banho-maria
3 ovos grandes (ou 4 médios)
175 g de farinha de trigo
1 colher (chá) de fermento em pó

Rendimento: 8 porções

Dica gourmet

Esta receita é de origem ucraniana. É perfeita para acompanhar chás. A vida deste bolo é longeva, como a de certos pães e biscoitos de mel.

Modo de preparo

Depois de aquecer o mel, bata-o, ainda quente, até criar uma densa camada de espuma. Junte então os ovos, a farinha e o fermento. Despeje a mistura numa forma rasa, tipo a de bolo inglês, untada a óleo. Asse em fogo preaquecido a 180 graus. Após 15 minutos, verifique o cozimento. O bolo estará pronto quando tiver se soltado das paredes da forma. Desenforme-o imediatamente e coloque-o sobre um pedaço de papel-manteiga. Deixe-o esfriar.

Dica importante

O bolo deverá ser conservado enrolado no papel, dentro de uma lata hermeticamente fechada por dois dias antes de servir. O armazenamento proporcionará maior maciez.

9

Bolo nega maluca

Ingredientes

3 xícaras (chá) de farinha de trigo
1 ½ xícaras (chá) de açúcar
1 xícara (chá) de cacau em pó
1 colher rasa (café) de bicarbonato
½ xícara (chá) de óleo de milho ou girassol
2 ovos médios inteiros
2 xícaras (chá) de água quente
1 colher (sobremesa) de fermento em pó
1 pitada de sal

Rendimento: 12 porções

Modo de preparo

Misture todos os ingredientes secos separadamente. Depois, em outra vasilha, bata bastante o óleo e os ovos. Junte as duas misturas e acrescente as xícaras de água fervente mexendo bem rápido para que os ovos não cozinhem. Leve a massa ao forno preaquecido a 180 graus. Verifique o cozimento após cerca de 20 a 30 minutos. O bolo estará pronto quando, ao espetar-se um palito, este sair seco.

10 Bolo fofinho de chocolate

Ingredientes

4 ovos
1 xícara (chá) de óleo
1 xícara (chá) de açúcar
1 xícara (chá) de cacau em pó
1 xícara (chá) de água
2 xícaras (chá) de farinha de trigo
1 colher (sopa) de fermento em pó
1 pitada de sal

Rendimento: 12 porções

★ Dica importante

A velocidade da batedeira e o acréscimo cauteloso da água e da farinha de trigo são o segredo deste bolo.

☑ Dica gourmet

Em vez de utilizar uma xícara de água, varie a receita com uma xícara de café coado, sem açúcar.

Modo de preparo

Preaqueça o forno a 180 graus. Numa tigela, coloque o açúcar e o chocolate em pó. Misture os dois ingredientes. Depois, na batedeira, junte os ovos e o óleo e comece a bater numa velocidade baixa (se for rápido, corre-se o risco de a mistura transbordar). Aumente a velocidade da batedeira aos poucos e bata por mais dois minutos. Diminua a velocidade novamente e vá acrescentando, bem devagar e intercaladamente, a farinha de trigo e a água. Por último, acrescente o sal e o fermento. Transfira a massa para a forma untada de óleo e leve ao forno por cerca de 20 a 30 minutos.

11
Baby cake

Ingredientes

Massa

4 claras
2 xícaras (chá) de açúcar refinado
3 colheres (sopa) de cacau
em pó solúvel
2 xícaras (chá) de farinha de trigo
1 colher (sobremesa) de bicarbonato

Calda

1 barra de chocolate amargo
(100 g de chocolate amargo em concentração mínima de 70% de cacau)
½ xícara (chá) de água
2 colheres (sopa) de açúcar

Rendimento: 4 bolinhos

Modo de preparo

Em uma batedeira, bata as claras em neve e adicione uma xícara de açúcar até obter um creme firme. Junte, em outro recipiente, a farinha de trigo ao cacau e misture bem. Adicione então as claras com a mescla de trigo e cacau e, por último, o fermento em pó. Unte forminhas pequenas com óleo. Asse em forno preaquecido a 200 graus. Verifique o cozimento após 15 minutos. Para a calda é só derreter o chocolate em banho-maria e adicionar um pouco de açúcar e água.

★ Dica importante

Você pode fazer este bolo sem o bicarbonato numa assadeira grande para que ele fique com 1 cm de altura, bem fininho, próprio para cortar em camadas. E fica delicioso recheado com calda de frutas vermelhas. Confira as receitas de calda de morango e de amora neste livro.
Há várias marcas de excelente qualidade de chocolate com teor 70, 80 e 90% de cacau que não levam leite. Mas se pode também optar por chocolate de soja.

12
Bolo de frutas

Ingredientes

1 xícara (chá) de gordura de palma
2 xícaras (chá) de açúcar branco
3 xícaras (chá) de farinha de trigo branca
4 ovos médios
1 pitada de sal
1 colher (sopa) de fermento em pó
1 xícara (chá) de suco de laranja
1 colher (café) de extrato de baunilha
½ xícara (chá) de uvas-passas pretas
½ xícara (chá) de uvas-passas brancas
1 xícara (chá) de frutas cristalizadas
½ xícara (chá) de conhaque ou rum

Rendimento: 12 porções

Modo de preparo

Bata a gordura de palma com o açúcar até adquirir uma coloração esbranquiçada e cremosa. Adicione os ovos um a um. Bata bem. Junte, aos poucos, a farinha de trigo. Continue batendo por cerca de dois minutos. Acrescente o suco de laranja e vá mexendo. Misture bem a massa até ficar uniforme. Junte a baunilha, o sal e o fermento e misture mais um pouco. Acrescente as frutas (leia as dicas abaixo) e mexa com bastante suavidade. Asse em forno preaquecido a 180 graus.

★ Dica importante

Sugere-se usar forminhas pequenas, uma forma com furo no meio (25 cm de diâmetro) ou três formas indicadas para bolo inglês. Antes de começar a fazer o bolo, coloque as frutas na bebida alcoólica. Se puder, faça esse preparo no dia anterior, para que elas se nutram bastante do sabor do rum ou do conhaque. Caso queira alterar as frutas, não há problema. Mas não se esqueça de que as desidratadas (nozes, amêndoas, castanhas, damascos, ameixas) são as melhores opções, pois não soltarão água. Escorra as frutas antes de misturá-las à massa.
Enxugue-as em um papel absorvente e passe-as, ligeiramente, na farinha de trigo. Outro detalhe importante é colocar a massa do bolo na geladeira por uns 30 minutos, antes de acrescentar as frutas. Tal procedimento impedirá que as frutas migrem para o fundo da forma.

13
Bolo de maçã

Ingredientes

1 xícara (chá) de maçã com casca picada grosseiramente
2 xícaras (chá) de açúcar mascavo
1 xícara (chá) de farinha de trigo integral
1 xícara (chá) de farinha de trigo branca
4 ovos médios
1 colher (sopa) de fermento em pó
½ xícara (chá) de castanhas-do-pará bem picadas
½ xícara (chá) de uvas-passas
Açúcar e canela para polvilhar

Rendimento: 10 porções

Modo de preparo

Bata no liquidificador os ovos, o açúcar e o óleo. Despeje-os em uma vasilha e misture as farinhas e o fermento. Em seguida, acrescente a maçã, as castanhas e as uvas-passas. Utilize uma forma de furo central untada com óleo e polvilhada com farinha de trigo. Preaqueça o forno a 180 graus e asse a massa por, aproximadamente, 40 minutos. Espere esfriar, desenforme e polvilhe o bolo com o açúcar e a canela já mesclados.

★ Dica importante

Todos os tipos de frutas secas (nozes, castanhas, amêndoas) produzem um bom resultado neste bolo.

14
Pão de ló

Ingredientes

2 xícaras (chá) de açúcar refinado
2 xícaras (chá) de farinha de trigo (peneirada)
5 ovos grandes (temperatura ambiente)
1 colher (sopa) de fermento em pó
2 copos (americano) de água
1 pitada de sal

Rendimento: 10 fatias

★ Dica importante

Este é um bolo flexível que serve para propósitos distintos. Experimente-o com a calda de morango ou de amora e, até mesmo, com suco de frutas cítricas e rodelas de abacaxi ou kiwi.

◔ Modo de preparo

Separe as claras das gemas e peneire cada gema para soltar a película. Na batedeira, bata-as com água até desenvolver uma espuma. Acrescente o açúcar e bata mais. Coloque a farinha de trigo peneirada aos poucos, sem bater. Adicione o fermento, mexa suavemente e, por último, acrescente as claras batidas em neve. Unte a assadeira com óleo e polvilhe com farinha de trigo. Preaqueça o forno a 180 graus e asse por 20 a 30 minutos.

15
Calda de amora

Ingredientes

2 xícaras (chá) de amoras maduras
½ xícara (chá) de açúcar
½ xícara (chá) de água
¼ xícara (chá) de suco de laranja
Raspas de uma laranja

◔ Modo de preparo

Coloque todos os ingredientes numa panela e deixe cozinhar por cerca de 10 a 15 minutos. Para acentuar o sabor, refrigere antes de servir.

16
Calda de morango

Ingredientes

½ xícara (chá) de açúcar
½ xícara (chá) de água filtrada
1 limão
2 caixas de morango

Dica gourmet

Esta receita é ótima para acompanhar pães e outros pratos doces (como o pão de ló). Serve como geleia e como calda e dura muito tempo na geladeira, desde que o uso não contamine o conteúdo.

Modo de preparo

Misture a água e o açúcar e leve ao fogo até se transformar em uma calda clara. Junte o suco do limão e uma caixa de morango. Amasse os morangos à medida que estiverem cozinhando. Deixe a calda ferver até as frutas se desmancharem. Em seguida, corte os morangos da segunda caixa ao meio e deixe-os cozinhando por cinco minutos. Desligue e espere esfriar. Leve para gelar.

Dica importante

É sempre aconselhável ir tirando a espuma branca enquanto a calda com morangos ferve, para que ela não fique amarga. Lave o vidro que irá armazenar a calda com água quente e álcool.

17
Calda de chocolate amargo com mel

Ingredientes

1 barra de chocolate amargo
(100 g de chocolate amargo em concentração mínima de 70% de cacau)
2 colheres (sopa) de mel
½ xícara (chá) de água

Modo de preparo

Numa pequena panela, quebre a barra de chocolate e os outros ingredientes. Deixe dissolver em fogo médio. Quando começar a criar bolhas, abaixe o fogo e continue mexendo, sem parar. Após 10 minutos a calda estará no ponto. Aguarde 5 minutos e regue o bolo da sua preferência.

★ Dica importante

Há várias marcas de excelente qualidade de chocolate com teor 70, 80 e 90% de cacau que não levam leite. Mas se pode também optar por chocolate de soja.

18
Calda de café

Ingredientes

1 xícara (chá) rasa de café espresso (ou 1 xícara cheia de café coado forte)
2 xícaras (chá) de açúcar de confeiteiro

Dica gourmet

Polvilhe o bolo (ou torta) com pistaches quebrados grosseiramente, como uma farofa.

Modo de preparo

Numa panela antiaderente, coloque o café e o açúcar. Aqueça a mistura em fogo brando. Despeje em cima do bolo de sua preferência (fica excelente com os de chocolate) e, com uma espátula, cubra toda a superfície do bolo. Salpique com pistaches.

19
Marshmallow

Ingredientes

3 claras
2 xícaras (chá) de açúcar refinado
1 xícara (chá) de água

Modo de preparo

Ferva a água e o açúcar até o ponto de fio (quando se puxa uma pequena quantidade da calda, com uma colher ou garfo, e se forma um fio contínuo, sem quebras). Bata as claras em neve e vá despejando a calda quente na batedeira, devagar e sem parar de bater. Terminada a calda, continue a bater por aproximadamente 5 minutos. Sirva gelado.

20 Marzipã

Ingredientes

350 g de amêndoas sem pele e moídas
175 g de açúcar refinado
175 g de açúcar de confeiteiro
Suco de ½ limão
¾ de colher (chá) de água de flor de laranjeira
¾ de colher (chá) de essência de baunilha
2 gemas

Modo de preparo

Peneire o açúcar de confeiteiro numa tigela grande e junte as amêndoas moídas e o açúcar refinado. Acrescente o suco de limão, a água de flor de laranjeira, a essência de baunilha e as gemas. Os ingredientes devem ficar ligados e formar uma massa maleável, mas seca. Trabalhe o marzipã com as mãos até que fique completamente liso.

Dica gourmet

Esta famosa pasta de amêndoas pode ser utilizada de diversas formas. Pode ser usada como cobertura sozinha ou conjugada com glacê real (veja a receita na p. 44).

21
Muffin de banana

Ingredientes

2 xícaras (chá) de açúcar
3 xícaras (chá) de farinha de trigo
2 colheres (sopa) de canela em pó
1 colher (sopa) de bicarbonato de sódio
2 ovos inteiros
3 xícaras (chá) de banana-caturra (nanica) bem madura e amassada
1 xícara (chá) de nozes picadas
1 xícara (chá) de óleo de soja
1 colher (sopa) de essência de baunilha

Rendimento: 40 a 50 muffins

Modo de preparo

Peneire todos os ingredientes secos. Depois, com a ajuda de uma colher, misture os itens restantes. Mexa suavemente. Unte com óleo as forminhas (pequenas, como para empadas). Coloque a massa até a metade da forma, pois o *muffin* cresce bastante. Asse por cerca de 20 minutos em forno médio. Rende de 40 a 50 bolinhos.

Dica gourmet

Existem assadeiras específicas para *muffins*.

22 Pfefferkuchen

Ingredientes

Melado

3 xícaras (chá) de rapadura raspada

½ xícara (chá) de água

Massa

1 kg de farinha de trigo
2 ovos batidos
1 colher (sopa) de banha ou óleo
1 colher (sopa) de cravo moído
1 colher (sopa) de canela em pó
1 noz-moscada ralada
1 colher (sopa) de sal amoníaco
1 colher (sopa) de bicarbonato de sódio

Cobertura (opcional)

1 clara de ovo
½ colher de sopa de água
Caldo de **1** limão
Açúcar de confeiteiro

Rendimento: 20 a 25

Modo de preparo

Melado

Leve ao fogo a rapadura e a água até virar melado. Espere esfriar. Reserve.

Massa

Junte os ingredientes secos ao melado, já frio. Trabalhe bastante a massa com as mãos. Vá adicionando a farinha de trigo aos poucos, até o ponto de abrir. Após trabalhar bastante a massa até que ela sove, faça pequenos tubos. Em seguida, com um rolo, abra esses tubos. Corte em retângulos de 10 cm aproximadamente e leve-os para assar em forma untada com óleo e enfarinhada.

Cobertura

Bata as claras e a água na batedeira em velocidade alta até obter picos firmes. Adicione, aos poucos, o açúcar e o limão até dar ponto. Glace os *pfefferkuchen* quando estiverem frios.

Dica gourmet

Este biscoito de inspiração germânica é chamado, pelos descendentes alemães que vivem no Nordeste de Minas Gerais, de “fofa”. É perfeito para o Natal. Você pode fazê-lo em forminhas especiais, como as de sino, árvore, estrela, coroa, coração, etc., e glaçar da maneira que quiser, com açúcares coloridos.

23
Bolo de laranja

Ingredientes

4 ovos
3 laranjas (sendo uma delas com casca e sem sementes)
3 xícaras (chá) de açúcar
1 xícara (chá) de óleo
2 xícaras (chá) de farinha de trigo
1 xícara (chá) de maisena
2 colheres (sopa) de fermento em pó

Rendimento: 10 porções

Modo de preparo

Bata no liquidificador os ovos, as laranjas, o açúcar e o óleo até a massa ficar homogênea. Depois de bem batida, em outra vasilha, misture a massa aos ingredientes em pó: a farinha de trigo, a maisena e o fermento. Mexa bem. Em uma forma untada, leve a massa ao forno preaquecido (180 graus). Por cerca de 20 minutos ou até que, espetando-se um palito, este saia seco.

24
Glacê real

Ingredientes

500 g de açúcar de confeiteiro
2 ½ claras
Suco de ½ limão

Dica importante

Depois de pronto, cubra o glacê com um pano úmido para que não se forme uma película e resseque. Bata vigorosamente antes de usar.

Modo de preparo

Numa tigela, trabalhe ¾ do açúcar de confeiteiro com as claras e o suco de limão. Em seguida, transfira a mistura para uma batedeira e bata por oito minutos. Quando a mistura estiver branca, leve e homogênea, acrescente o restante do açúcar e bata por mais dois minutos. Se não estiver firme o suficiente, acrescente um pouco mais de açúcar.

25 Bolo de mel e vinho do Porto

Ingredientes

6 ovos
2 xícaras (chá) de farinha de trigo
2 xícaras (chá) de açúcar
½ xícara (chá) de azeite
3 colheres (sopa) de mel
1 xícara (chá) de vinho do Porto
1 colher (chá) de canela
1 colher (chá) de bicarbonato de sódio
Raspas de **1** laranja
Suco de **1** limão

Rendimento: 8 porções

Modo de preparo

Peneire todos os ingredientes secos. Bata, no liquidificador ou batedeira, por cinco minutos, os ovos e o açúcar. Ainda batendo, adicione o azeite e o suco do limão. Retire a mistura, coloque em outra vasilha e acrescente o vinho do Porto e mexa bem. Em seguida, o mel. Continue mexendo e junte a farinha de trigo. Mexa vigorosamente. Por último, acrescente as especiarias e a raspa da laranja. Com uma colher de pau, misture todos os ingredientes até adquirir uma massa uniforme.
Em forno preaquecido a 180 graus, asse o bolo por cerca de 20 minutos. A forma sugerida é a de bolo inglês, untada com óleo.

26 Bolo de maçã com farofa de coco e nozes

Ingredientes

Massa

4 maçãs
2 xícaras (chá) de farinha de trigo
1½ xícara (chá) de açúcar
2 ovos
½ xícara (chá) de óleo
2 colheres (sopa) de conhaque
1 colher (chá) de fermento em pó
1 colher (chá) de bicarbonato de sódio
1 colher (chá) de canela em pó
1 colher (sopa) de suco de limão
1 colher (chá) de essência de baunilha
1 pitada de sal

Farofa

½ xícara (chá) de açúcar
1 xícara (chá) de nozes bem quebradas
½ xícara (chá) de coco ralado
1 colher (chá) de canela em pó

Rendimento: 12 porções

Modo de preparo

Peneire todos os ingredientes em pó: farinha de trigo, açúcar, bicarbonato, sal, fermento. Misture-os bem.
Descasque as maçãs e corte-as em cubinhos. Regue-as, após o manuseio, com o caldo do limão para que não escureçam, e com o conhaque, para impregná-las de sabor.
Na batedeira (ou com as mãos, caso prefira), bata bastante os ovos inteiros. Vá acrescentando, cuidadosamente, o óleo e depois a baunilha. Pare de bater e despeje as maçãs e todas as farinhas. Misture delicadamente. Unte, com óleo, uma assadeira retangular. Transfira a mistura para a assadeira e cubra com a farofa. Deixe no forno preaquecido a 180 graus por uns 20 minutos. Após esse tempo, retire o bolo do forno, coloque uma folha de papel alumínio por cima do bolo ainda na assadeira, volte outra vez ao forno e deixe assar por mais 20 minutos. Depois de frio, corte em quadrados.

★ Dica importante

Este é um bolo versátil que serve para propósitos distintos. Experimente-o com calda de morango ou de amora e, até mesmo, com suco de frutas cítricas e rodelas de abacaxi ou kiwi.

27
Pão do Dão

Ingredientes

7 ovos médios
1 kg de polvilho azedo peneirado
1 xícara (chá) cheia de óleo
1 xícara (chá) de água
1 colher rasa (sopa) de sal

Rendimento: 20 a 25 pãezinhos

☑ Dica gourmet

Adicione, para variar, sementes de erva-doce ou pedacinhos bem pequenos de tofu.

Modo de preparo

Coloque para ferver o óleo junto com a água e o sal. Quando levantar fervura, escalde o polvilho azedo peneirado. Misture a massa até que ela esfrie totalmente. Somente quando a mistura estiver em temperatura ambiente é que se acrescentam os ovos. Sove bastante. Faça bolinhas pequenas com o auxílio de uma colher. Unte a forma com óleo e coloque para assar em temperatura mediana (180 a 200 graus).

★ Dica importante

Este bolinho fica mais gostoso se a massa estiver mole quando for disposta no tabuleiro.

28
Bolo de aveia

Ingredientes

$^{1}/_{3}$ de xícara (chá) de óleo
$^{2}/_{3}$ de xícara (chá) de água
2 xícaras (chá) de açúcar mascavo
4 ovos inteiros
2 xícaras (chá) de aveia em flocos
2 colheres (sopa) de castanha de caju trituradas grosseiramente (xerém)
2 colheres (sopa) de uvas-passas
2 colheres (sopa) de nozes picadas
1 colher (café) de canela em pó
1 colher (café) de cravo moído
1 colher (sopa) de chocolate em pó
1 banana caturra (nanica) madura e bem amassada
1 colher (sopa) de fermento em pó

Rendimento: 8 porções

Modo de preparo

No liquidificador ou na batedeira, bata os ovos, o óleo, a água e o açúcar. Quando a mistura estiver coesa e homogênea, junte, numa outra vasilha, todos os ingredientes restantes. Unte a forma com óleo e asse em forno preaquecido a 180 graus por mais ou menos 30 minutos.

Comidinhas leves

29

Patê de tofu (ou *kereset*)

Ingredientes

400 g de tofu
2 colheres (sopa) de mostarda amarela
2 colheres (sopa) rasas de *kümmel*
1 cebola branca média ralada
1 colher (sopa) de sal

Rendimento: 10 porções

Modo de preparo

Com o auxílio das mãos, pressione o tofu até retirar toda sua água. No processador, coloque o queijo de soja, a cebola e a mostarda. Triture bem até virar uma pasta. Retire do processador e, em outra vasilha, tempere com o sal e o *kümmel*. Misture bem. O patê, quando conservado na geladeira, dura bastante.

Dica gourmet

Vários pães pretos de origem alemã não levam derivados de leite. Este patê pode ser usado tanto para lanches quanto para o café da manhã.

30 Sardela

Ingredientes

4 pimentões vermelhos médios
3 dentes de alho amassados
6 colheres (sopa) de azeite
100 g de aliche
1 colher (chá) de pimenta calabresa
1 colher (chá) de orégano seco

Rendimento: 12 porções

Dica gourmet

A melhor sardela que fiz foi quando troquei a calabresa por dois *peperocinos* italianos secos. E, como não tinha orégano, utilizei salsa desidratada. O importante, percebi, é a sardela possuir um leve sabor picante e juntar a ela alguma erva seca que sobreviva bem a dias na geladeira. Sirva-a com pães, legumes crus ou carne assada.

Modo de preparo

Pique os pimentões em quadrados e, numa panela média, refogue-os no azeite junto com o alho. Deixe cozinhar por cerca de 15 minutos, sempre mexendo para que não grude na panela. Espere esfriar e bata-os no liquidificador até formar uma pasta vermelha. Volte o creme de pimentões para a mesma panela e acrescente o aliche. Misture bem em fogo brando, por uns cinco minutos. Acrescente a calabresa e o orégano, sempre mexendo, por mais um minuto. Volte novamente toda a massa para o liquidificador e bata até o aliche se mesclar totalmente ao restante dos ingredientes. Após esfriar, guarde na geladeira.

31 Gazpacho

Ingredientes

2 kg de tomates maduros
1 pimentão vermelho maduro
2 tiras finas de pepino
1 dente de alho (sem o gérmen)
1 pão francês do dia anterior
1 cebola branca pequena
Sal a gosto
Azeite

Rendimento: 6 porções

Dica gourmet

Coar ou não coar? Eis uma das questões que dividem os apaixonados por esta sopa espanhola. Sirva em copinhos pequenos ou em taças de dry martini e enfeite com hortelã fresca. Experimente em dias de verão. Para evitar o sabor forte do alho, corte-o longitudinalmente e retire todo o miolo (gérmen).

Modo de preparo

Descasque os tomates e pique-os em cima do pão, para aproveitar seu caldo. Acrescente o pimentão picadinho, as fatias de pepino, a cebola, o alho e o azeite. Liquidifique tudo de forma rápida. Caso queira, moa um pouco de pimenta-do-reino em cima da mistura.

32
Sopa picante de tomate

Ingredientes

2 colheres (sopa) de óleo
1 cebola branca
2 dentes de alho cortados em finas fatias
½ colher (chá) de cominho
½ colher (chá) de pimenta calabresa
½ colher (chá) de semente de mostarda
½ colher (chá) de urucum
½ xícara (chá) de grão-de-bico
½ xícara (chá) de tomate pelado
1 colher (chá) de sal
1 copo (americano) de água quente
Pimenta-do-reino a gosto

Rendimento: 2 porções

Modo de preparo

Aqueça o óleo em uma panela funda. Acrescente a cebola, deixe ficar transparente e salteie por três minutos até que amoleça. Junte o alho, o cominho e a pimenta calabresa. Mexa por mais um minuto. Acrescente as sementes de mostarda, o urucum e o grão-de-bico já cozido e escorrido. Refogue até que os grãos comecem a dourar. Junte então os tomates e o sal e deixe ferver por 10 a 15 minutos, até que os tomates estejam bem cozidos. Bata a mistura em um liquidificador até obter um creme coeso e uniforme. Volte o creme para a panela, acrescente o sal e a pimenta-do-reino. Sirva quente.

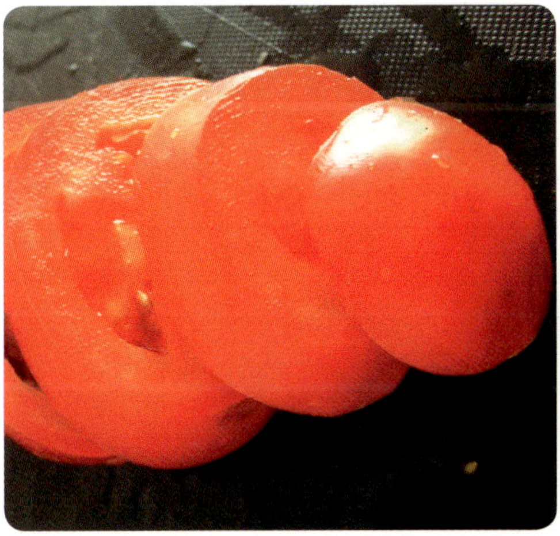

33

Sopa de berinjela com tofu

Ingredientes

2 berinjelas grandes
100 g de anchova (ou aliche)
1 cebola branca grande
3 dentes de alho
200 g de queijo tofu
1 litro de caldo de legumes
1 maço de salsinha
Sal e pimenta-do-reino a gosto
Azeite

Rendimento: 4 a 6 porções

Modo de preparo

Cubra as berinjelas inteiras com um fio de azeite e leve-as ao forno. Asse em forno moderado, por uns 40 minutos. Quando estiverem cozidas e frias, parta-as ao meio. Tire toda a polpa com uma colher, delicadamente. Numa panela, refogue a cebola no azeite, acrescente a anchova e mexa bem. Adicione, posteriormente, a polpa das berinjelas. Misture bem, junte o caldo de legumes e deixe cozinhar por cerca de 20 minutos. Adicione o sal e a pimenta-do-reino moída na hora e, logo depois, o queijo tofu. Misture. Acrescente a salsinha picada. Aguarde uns cinco minutos e desligue o fogo. Deixe esfriar e processe a mistura no mixer até que adquira uma consistência homogênea.

34
Guacamole

Ingredientes

2 abacates bem maduros
1 cebola roxa média
Pimenta dedo-de-moça sem sementes a gosto
2 tomates
Suco de **2** limões
Sal a gosto

Rendimento: 4 porções

Modo de preparo

Pique os tomates, sem pele e semente, em pequenos cubinhos. Acrescente a cebola roxa e a pimenta, ambas finamente picadas. Em outro recipiente, amasse bem os abacates. Misture a pasta dos abacates aos outros ingredientes e acrescente sal a gosto.

☑ Dica gourmet

O guacamole é uma receita mexicana bastante variada e, ao mesmo tempo, muito simples. Há quem prefira os pequenos avocados aos grandes frutos brasileiros. Deve-se atentar somente para o equilíbrio entre o abacate e o limão. Sugere-se, para quem aprecia, a inclusão de salsinha ou até mesmo de coentro. Quem quiser arriscar nas experimentações, refogue dois dentes de alho em um pouco de azeite e misture, posteriormente, aos outros ingredientes.

35
Tapenade

Ingredientes

500 g de azeitonas verdes e pretas (sem caroços)
4 ou **5** filés de aliche
3 dentes de alho (sem o gérmen)
4 colheres (sopa) de alcaparras
1 xícara (chá) de azeite

Rendimento: 6 a 8 porções

Dica gourmet

Para evitar o sabor forte do alho, corte-o longitudinalmente e retire todo o miolo (gérmen).

Modo de preparo

Bata todos os ingredientes no processador de alimentos. A mistura não vai virar uma pasta homogênea completamente lisa, mas sim um creme cheio de pedacinhos. Quanto melhor a qualidade dos ingredientes, melhor o sabor final. Sirva-o frio, com pães ou com legumes crus fatiados a juliana (cenoura, salsão e pimentões são os mais indicados).

36
Iogurte de soja com água de rosas

Ingredientes

2 potes de iogurte de soja sabor natural
½ copo (americano) de água fria
3 colheres (chá) de açúcar
2 colheres (chá) de água de rosas
4 sementes de cardamomo

Rendimento: 2 a 3 porções

Modo de preparo

Numa vasilha, misture todos os ingredientes de forma rápida e enérgica. Coloque no *freezer* por alguns minutos e sirva a bebida bem gelada.

37
Tortilha espanhola

Ingredientes

4 batatas médias
1 cebola branca média
4 ovos médios
Sal e pimenta-do-reino a gosto
Azeite para untar

Rendimento: 4 porções

Dica gourmet

Na Espanha, existe a receita basc, como a descrita acima, e mais uma centena, com recheios diversos. Experimente utilizar o que restou de ontem, na geladeira, e crie deliciosas tortilhas que podem vir acompanhadas de saladas verdes e substituir toda uma refeição.

Modo de preparo

Pique as batatas como se estivesse descascando-as. Depois, frite-as no azeite. Cuidado para não deixar dourar. As batatas devem ficar cozidas, mas brancas. Rale a cebola e misture-a às batatas já fritas.
Em seguida, bata os ovos e os adicione à mistura anterior.
Tempere com sal e pimenta-do-reino moída na hora. Volte a mistura ao fogo numa frigideira rasa. Cuide para que não queime. Com o auxílio de um prato, vire a tortilha (como se fosse uma panqueca) para dourar o outro lado.

38
Molho de anchovas (para saladas e pães)

Ingredientes

½ xícara (chá) de azeite extravirgem
2 colheres (sopa) de anchovas amassadas
1 colher (sopa) de alcaparras bem picadinhas
1 limão
2 colheres (sopa) de água
1 colher (sopa) de mostarda Dijon
Sal e pimenta-do-reino a gosto.

Modo de preparo

Comece amassando as anchovas, com um garfo, em um prato. Em outra tigela, misture todos os ingredientes. Mexa bem ou chacoalhe a mistura em um vidro fechado. Este molho dura quase uma semana quando bem conservado na geladeira. É perfeito para saladas verdes ou para legumes crus cortados em tiras.

39
Molho de cebolas brancas (para saladas e pães)

Ingredientes

2 cebolas brancas grandes raladas
1 alho amassado
1 colher (chá) de molho inglês
2 colheres (chá) de vinagre balsâmico

Dica gourmet

Para evitar o sabor forte do alho, corte-o longitudinalmente e retire todo o miolo (gérmen).

Modo de preparo

Retire o gérmen do alho antes de amassá-lo. Se quiser que as cebolas não ardam, pique-as e deixe no gelo por uns dez minutos. Depois, é só misturar todos os ingredientes e deixar o molho reservado, na geladeira, até a hora de servir.

40

Molho dos poetas andaluzes (para legumes grelhados, saladas e pães)

Ingredientes

250 ml de azeite
10 raminhos de tomilho fresco
1 maço de salsinha fresca
10 folhinhas de hortelã fresca
1 colher rasa (chá) de sal
Pitada de pimenta-do-reino moída na hora
2 dentes de alho
50 g de nozes
50 g de *pinoli*
100 g de tâmaras descascadas

Modo de preparo

Adicione primeiro o azeite, no liquidificador ou no processador, e vá colocando, aos poucos, as nozes e os *pinoli*. Bata bem. Acrescente o alho e, posteriormente, as ervas e o sal. Por último, a pimenta-do-reino.

Dica gourmet

Este molho é versátil e pode ser utilizado não só para comer com pães, como também em saladas e legumes grelhados.

41
Sopa de abóbora

Ingredientes

½ abóbora japonesa
2 colheres (sopa) de pasta de *curry*
400 ml de leite de coco
1 batata inglesa
1 cebola branca média
1 litro de caldo de legumes
1 maço de coentro
Gengibre ralado
Azeite
Sal e pimenta-do-reino a gosto

Rendimento: 6 a 8 porções

Dica gourmet

Esta sopa fica deliciosa quando servida com chips de alho ou de semente de abóbora.

Modo de preparo

Descasque e corte a abóbora e a batata em cubos. Reserve. Numa panela, adicione o azeite e refogue a cebola picadinha. Acrescente o *curry* e continue mexendo. Rale delicadamente o gengibre e continue refogando. Quando bem misturado, junte o leite de coco e depois os cubos de abóbora. Após refogar bem a abóbora, acrescente a batata em cubos e o restante do leite de coco. Adicione então o caldo de legumes e deixe cozinhar por cerca de 20 minutos, até os legumes ficarem bem macios. Espere esfriar e processe a mistura no mixer ou no liquidificador. Retorne ao fogo e acrescente o sal e a pimenta-do-reino. Sirva com coentro bem picado, por cima do prato.

42 Salada de cebolas brancas do vô Vasco

Ingredientes

4 cebolas brancas grandes
Suco de **4** a **6** limões
Sal e pimenta-do-reino a gosto

Rendimento: 4 a 6 porções

Dica gourmet

Essa salada é perfeita para acompanhar peixes fritos ou assados. E fica melhor ainda no dia seguinte.

Modo de preparo

Corte as cebolas em fatias bem finas e desmanche as rodelas para obter anéis. Em uma tigela funda, cubra-as com o suco dos limões até que os bulbos estejam completamente submersos. Tempere com sal e pimenta-do-reino moída na hora. Conserve na geladeira por pelo menos quatro horas antes de comer. Sirva a salada gelada.

43 Bolinho de arroz da vó Mima

Ingredientes

3 xícaras (chá) de arroz cozido
1 colher (chá) de sal
1 ovo
Salsa e cebolinha frescas bem picadinhas
Pimenta-do-reino a gosto
Farinha de trigo (o necessário)
Óleo para fritar

Rendimento: 30 bolinhos

Modo de preparo

Passe o arroz pelo processador e, em seguida, em uma bacia, junte os demais ingredientes. Misture farinha de trigo até dar ponto para enrolar. Faça bolinhas, passe pela farinha e frite em óleo quente. Escorra em papel absorvente.

44
Tabule

Ingredientes

1 xícara (chá) de trigo para quibe
4 tomates maduros
2 xícaras (chá) de folhas de hortelã frescas
1 cebola branca
1 cebola roxa
3 xícaras (chá) de folhas de salsinha frescas
1 pepino japonês com casca
2 colheres (sopa) de azeite
½ xícara (chá) de suco de limão
Sal e pimenta-do-reino a gosto

Rendimento: 4 a 6 porções

Modo de preparo

No liquidificador, bata dois tomates e uma cebola branca até formar um molho espesso. Reserve. Lave o trigo com água abundante e retire o excesso de água com a ajuda de uma peneira ou um pano de prato. Numa tigela grande, misture o trigo com o molho liquidificado e coloque na geladeira por cerca de 15 minutos. Enquanto aguarda o trigo hidratar, lave todas as folhas das ervas e seque-as. Numa tábua, pique finamente a salsinha e a hortelã. Em seguida, pique os outros dois tomates (sem sementes), o pepino (com casca e sem sementes) e o restante da cebola – todos em cubinhos.
Retire o trigo da geladeira, misture com a cebola roxa, o tomate, a salsinha e o hortelã. Tempere com o azeite, o limão, o sal e a pimenta-do-reino.
Sugestão: sirva com rodelas de rabanete, alface e pão sírio.

45
Ceviche

Ingredientes

500 g de peixe branco cortado em cubinhos regulares
Suco de **3** limões
2 colheres (sopa) de gengibre ralado
2 colheres (sopa) de salsão ralado
1 pimenta dedo-de-moça finamente picada (sem as sementes)
3 cebolas roxas fatiadas finamente
3 colheres (sopa) de coentro picadinho
Sal e pimenta-do-reino a gosto

Rendimento: 4 porções

Modo de preparo

Numa vasilha funda, coloque o peixe e tempere com sal e pimenta-do-reino. Em seguida, acrescente o gengibre, o salsão e a pimenta dedo-de-moça e as cebolas roxas. Salpique com o coentro. Regue a mistura com o suco de limão (atenção: esprema os limões somente depois de ter realizado os passos anteriores). Misture bem, verifique o sal e deixe marinar por pelo menos 15 minutos antes de servir.

46 Legumes grelhados com molho pesto

Ingredientes

1 berinjela
2 tomates maduros
2 abobrinhas italianas
1 xícara (chá) cheia de manjericão fresco
½ xícara (chá) de azeite
1 dente de alho bem picado (antes de ir para o processador)
2 colheres (sopa) de *pinoli*
(ou 10 nozes ou 6 castanhas-do-pará ou 10 castanhas de caju)
Sal e pimenta-do-reino a gosto

Rendimento: 4 porções

Modo de preparo

Legumes

Lave e seque os legumes e corte-os em rodelas grossas. Leve, uma espécie de cada vez, a uma frigideira antiaderente. A frigideira deve estar bem quente antes de dispor os legumes. Regue com o azeite e tempere com o sal e a pimenta-do-reino moída na hora.

Molho pesto

Lave o manjericão e seque-o em papel toalha. No processador, bata o manjericão, o alho, o *pinoli* e, com o aparelho ligado, vá despejando, lentamente, o azeite até formar um molho consistente e vigoroso. Você pode fazer o pesto também no pilão, como tradicionalmente se faz na Itália. Sirva os legumes grelhados cobertos com molho pesto.

47
Salada de repolho roxo com rúcula e damascos

Ingredientes

Salada

2 xícaras (chá) de repolho roxo picado
2 xícaras (chá) de rúcula picada
2 xícaras (chá) de palmito (ou alcachofra)
1 xícara (chá) de tomate cereja cortado ao meio
½ xícara (chá) de pistaches
½ xícara (chá) de castanha-do-pará
½ xícara (chá) de damasco

Molho

½ xícara (chá) de azeite
½ xícara (chá) de suco de limão
1 colher (chá) de mostarda amarela
Pimenta-do-reino moída
Sal a gosto

Rendimento: 6 porções

Modo de preparo

Passe o repolho roxo no ralador fino. Reserve. A rúcula também deve ser picada finamente, como a couve mineira. Corte os tomates e o palmito e misture com as castanhas. Numa bacia, reúna todos os ingredientes.
Para fazer o molho, o ideal é colocar o azeite, o limão, a mostarda o sal e a pimenta-do-reino em um vidro tampado e chacoalhar bastante, até que se forme um liquido homogêneo.
Regue a salada com o molho e conserve na geladeira até o momento de servir.

48
Hambúrguer à moda da tia Nana

Ingredientes

1 kg de miolo de alcatra (pode ser também picanha ou *babybeef*)
100 g de toucinho
1 cebola grande ou **2** médias
1 colher (sopa) rasa de sal
Pimenta-do-reino a gosto

Rendimento: 6 hambúrgueres

Dica gourmet

Caso queira fazer cebolas caramelizadas para rechear o sanduíche, corte a cebola (roxa ou branca) em fatias finas e, numa frigideira, doure-as com um pouco de mel ou açúcar mascavo. Utilize também pepinos ou cenouras em conserva. E abuse de folhas verdes. Para festa de aniversário de criança, faça pequenos hambúrgueres e use tomatinho cereja e alface americana rasgada para rechear os sanduíches.

Modo de preparo

Moa a alcatra e o toucinho juntos, duas vezes. Separe a mistura em duas metades iguais. Leve a primeira parte para o congelador por aproximadamente 20 minutos. A outra parte deverá ficar em temperatura ambiente. Se for usar cebola (ela é opcional), corte em pedaços minúsculos ou processe. Quando a carne do congelador estiver um pouco dura por fora e macia por dentro, retire-a do freezer e misture com a que estava em temperatura ambiente. Tempere. Está pronto o hambúrguer. Divida a massa de carne em aproximadamente oito bolas e achate com as mãos para criar o formato do hambúrguer. Grelhe, numa chapa bem quente, no ponto que desejar.

49
Carpaccio de pera e pistache

Ingredientes

4 peras médias
12 ramos de rúcula
30 a **40** sementes de romã
15 pistaches
2 colheres (sopa) de xarope de romã
2 colheres (sopa) de vinagre balsâmico
2 colheres (sopa) de azeite
Sal e pimenta-do-reino a gosto

Rendimento: 6 porções

☑ Dica gourmet

Se quiser, substitua o xarope de romã por *maple syrup*. Se trocar os pistaches por avelãs ou nozes, o prato também fica bastante saboroso.

Modo de preparo

Lave as peras, seque-as, retire todas as sementes (inclusive a "casinha" que as abriga) e fatie as frutas em rodelas bem finas. Lave e seque a rúcula. Para o molho, misture bem o vinagre balsâmico, o azeite, o sal e a pimenta-do-reino com o xarope de romã. Monte, posteriormente, a salada: primeiro as peras; por cima, a rúcula. Polvilhe depois com as sementes de romã. Regue todo o *carpaccio* com o molho. Por último, salpique os pistaches.

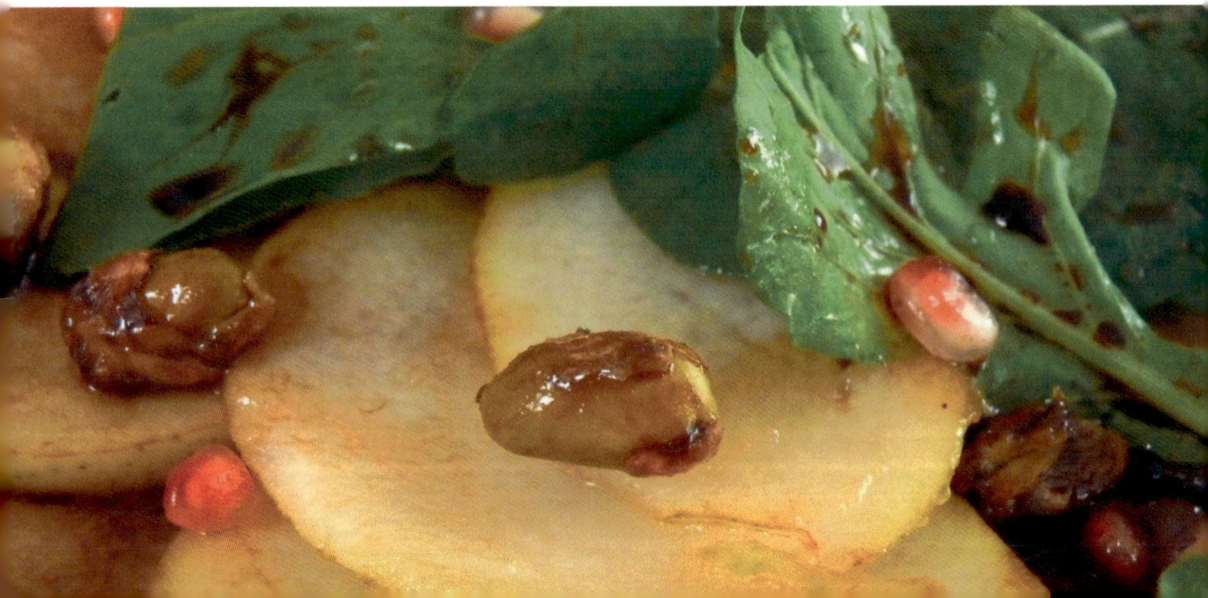

50
Lagarto em conserva

Ingredientes

1 peça de lagarto (entre 1 kg ou 1 kg e ½)
2 folhas de louro
2 xícaras (chá) de tomate meio verde picados em cubinhos (sem semente)
1 xícara (chá) de pimentão amarelo picado em cubinhos
1 xícara (chá) de pimentão vermelho picado em cubinhos
1 xícara (chá) de cebola branca picada em cubinhos
1 xícara (chá) de cebola roxa picada em cubinhos
1 xícara (chá) de azeitona verde picada (sem caroço)
1 xícara (chá) de azeitona preta picada (sem caroço)
Suco de **1** limão
1 xícara (chá) de vinagre de maçã
1 xícara (chá) de azeite extravirgem
1 xícara (chá) de água
Pimenta-do-reino em grão
Sal a gosto

Rendimento: 8 porções

Modo de preparo

Numa panela de pressão, coloque o lagarto inteiro com água, sal e as folhas de louro. Deixe cozinhar por 40 minutos. Verifique o cozimento. Espere esfriar e fatie-o em lâminas finas.

Em seguida, faça o vinagrete: misture o vinagre, o limão, a água, o azeite, o sal e a pimenta-do-reino. Chacoalhe, em uma vasilha com tampa, todos os ingredientes até que eles se misturem completamente. Junte ao vinagrete o tomate, as cebolas, os pimentões e as azeitonas.

Em um refratário fundo, vá intercalando as peças de carne com o vinagrete, em camadas. Conserve na geladeira.

Dica gourmet

Sugere-se o acréscimo de anchovas no vinagrete. Se quiser experimentar, apenas tome cuidado com o sal, pois você terá que diminuir a quantidade no tempero do vinagrete e do lagarto.

51

Linguicinha ao molho de sidra

Ingredientes

600 g de linguiça calabresinha
1 litro de sidra

Rendimento: 4 porções

★ Dica importante

A linguicinha, ingrediente principal dessa receita, pode ser encontrada no mercado com a designação "Coquetel"; entretanto, você pode usar outra linguiça, de pequeno diâmetro, em gomos e magra.

☑ Dica gourmet

Experimente fazer minicebolas brancas do mesmo modo descrito acima. É ótimo para acompanhar aves assadas, como peru, chester e frango.

Modo de preparo

Numa panela de fundo grosso, com tampa, coloque as linguicinhas e toda a sidra. Tampe-a. Deixe cozinhar por cerca de 20 minutos no fogo médio. Verifique se elas já começaram a caramelizar. Vá controlando o ponto e, se necessário, mexa com uma colher antiaderente. A linguiça deverá ficar com aparência semelhante a uma maçã do amor. Retire do fogo quando a calda desaparecer e envolver completamente a linguiça.

52
Salada de triguilho ao molho de romã

Ingredientes

2 xícaras (chá) de trigo para quibe
4 colheres (sopa) de molho de romã
½ xícara (chá) de azeite
1 colher (sopa) de raspas de limão (limão-siciliano)
¼ xícara (chá) de suco de limão
1 colher (chá) de coentro moído
1 colher (chá) de cominho
½ colher (chá) de pimenta-da-jamaica
250 g de nozes quebradas grosseiramente
1 maço de salsinha picada
Sal a gosto

Rendimento: 6 porções

Modo de preparo

Em uma vasilha, cubra o trigo com água (duas partes de água para cada uma de trigo) e deixe de molho por uma hora. Depois, passe o trigo numa peneira fina; aperte-o com o auxílio de uma colher para eliminar toda a água. Numa tigela grande, junte os seguintes ingredientes: azeite, molho de romã, suco de limão, coentro moído, cominho, pimenta-da-jamaica e sal. Misture bastante até que vire um molho homogêneo. Junte o trigo ao molho e verifique o tempero. Acrescente as raspas de limão e a salsinha picada. Mexa. Leve à geladeira. Antes de servir, salpique com as nozes e a salsinha verde.

53 Babaganouch

Ingredientes

2 berinjelas
3 colheres (sopa) de *tahine*
1 dente de alho picado
Suco de **1** limão
Sal a gosto

Rendimento: 6 a 8 porções

Modo de preparo

Espete a berinjela em um garfo e leve-a diretamente ao fogo médio. Vá girando as berinjelas até que a casca esteja com aspecto queimado (este processo é importante porque o gosto defumado faz a diferença no resultado final desta receita).
Amasse o alho e junte-o ao caldo do limão e ao *tahine* até que forme uma pasta cremosa.
Depois que as berinjelas esfriarem, corte-as ao meio e retire, com a ajuda de uma colher, toda a polpa (despreze a casca). Num processador (ou liquidificador), bata as berinjelas com a pasta de temperos, até obter um creme homogêneo. Conserve na geladeira.

54 Vôngole basco para pães e pastas

Ingredientes

500 g de vôngoles limpos, descascados
3 xícaras (chá) de azeite
1 maço de salsinha fresca
1 maço de cebolinha fresca
1 pimenta dedo-de-moça sem sementes
Sal a gosto

Rendimento: 4 porções

Dica gourmet

Esta receita de origem basca é deliciosa e ideal para servir com espaguete ou com pães. Se quiser mudar e fazê-la com camarões médios, fica delicioso também. A diferença entre vôngole e camarão é o tempo de cozimento. O vôngole precisa ficar um pouco mais no fogo do que o camarão.

Modo de preparo

Numa caçarola, coloque o azeite e as ervas bem picadas. Em fogo médio, espere que a salsinha e a cebolinha comecem a escurecer. Lave bem, com muitas águas, o vôngole (para que não fique nenhum vestígio de casca) e junte ao molho de azeite e ervas. Deixe cozinhar por cerca de 5 minutos. Vá mexendo. Acrescente a pimenta bem picadinha e tempere com sal. Sirva quente.

55
Homus

Ingredientes

1 xícara (chá) de grão-de-bico
3 colheres (sopa) de *tahine*
1 colher (chá) de sal
Suco de **1** limão
2 dentes de alho amassados
Azeite e sal a gosto

Rendimento: 4 porções

Dica gourmet

Além do tradicional pão sírio como acompanhamento, experimente servir esta pasta com legumes em tiras ou em rodelas. Sugestão: rabanete, cebola branca e roxa, cenoura e aipo. O **homus** fica delicioso quando regado com um bom azeite extravirgem e salpicado de páprica-doce e folhas de hortelã frescas.

Modo de preparo

Lave o grão-de-bico. Transfira-o para uma tigela e cubra-o com um litro de água. Deixe de molho por 12 horas. Depois, escorra os grãos e coloque em uma panela de pressão com mais um litro de água. Cozinhe, em fogo alto, por cerca de 20 minutos. Verifique o cozimento (os grãos devem ficar macios). Guarde uma xícara (chá) cheia da água do cozimento.
Despele os grãos com as mãos. No processador (ou no liquidificador), bata-os, junto com os dentes de alho, o suco do limão, o *tahine* e o sal. Lentamente, vá adicionando a água do cozimento dos grãos (com o processador ligado). O homus estará bom quando o creme se tornar homogêneo. Esta é uma pasta que tem boa durabilidade. Sirva em tigelinhas pequenas e regue com azeite e folhas de hortelã.

56

Missoshiro acompanhado

Ingredientes

3 xícaras (chá) de água
2 colheres (sopa) de missô
½ envelope de caldo de peixe
Cebolinha fatiada

Sugestão de acompanhamentos

150 g de tofu em cubinhos ou
1 xícara (chá) de alho-poró salteado no azeite ou
1 xícara (chá) de cogumelos shimeji salteados no azeite ou
1 ovo pochê

Rendimento: 1 porção

Modo de preparo

Em uma panela média, coloque a água e espere ferver. Desligue o fogo. Em seguida, acrescente o missô. Mexa bem. Quando a massa de arroz se desfizer, junte o caldo de peixe e misture. Desligue o fogo e acrescente à sopa qualquer um dos acompanhamentos sugeridos.

57
Bolinho de bacalhau

Ingredientes

½ kg de bacalhau
½ kg de batata
2 ovos
3 dentes de alho
½ xícara (chá) de azeite
½ xícara (chá) de farinha de trigo
1 cebola branca ralada
2 colheres (sopa) de salsinha picada
1 xícara (chá) de farinha de rosca
Óleo para fritar
Sal e pimenta-do-reino a gosto

Rendimento: 15 a 20 bolinhos

☑ Dica gourmet

Experimente colocar claras em neve na massa, em vez dos ovos inteiros. Os bolinhos ficarão ainda mais macios e leves.

Modo de preparo

Deixe o bacalhau de molho na véspera e troque a água pelo menos três vezes. Cozinhe o peixe e depois retire a pele e as espinhas. Com a ajuda de um pano de prato, esfregue o bacalhau até que fique desfeito em lascas, em fios.
Cozinhe as batatas com casca. Depois de cozidas, passe-as no espremedor (as cascas ficarão alojadas no utensílio, não é necessário descascá-las).
Numa caçarola, coloque o azeite, a cebola e o alho e deixe dourar por dois minutos. Ponha o bacalhau e continue mexendo por mais uns quatro minutos.
Retire do fogo e, numa tigela, junte o bacalhau ao purê de batatas. Misture bem. Acrescente os ovos, a salsinha e a farinha de trigo.
Com o auxílio das mãos, trabalhe a mistura. Prove o sal e adicione um pouco de pimenta-do-reino moída na hora. Coloque a farinha de rosca em um prato retangular.
Com as mãos untadas de óleo, molde os bolinhos e passe pela farinha de rosca. Caso seja necessário, faça as bolinhas com a ajuda de duas colheres de sopa.
Frite-os em óleo quente e abundante e escorra em papel toalha.

58
Espetinho de frutas

Ingredientes

Uva
Manga
Abacaxi
Morango
Laranja
Folhas de hortelã
Espetinho de madeira

Rendimento: 6 a 10 espetos

Modo de preparo

Corte em cubos iguais o abacaxi e a manga. Uvas e morangos ficam bem quando utilizados inteiros. Em uma varetinha de madeira, intercale livremente as frutas de sua preferência. Perto do abacaxi coloque a folha de hortelã. Pingue gotinhas de limão caso queira acrescentar um sabor refrescante e cítrico às frutas.

★ Dica importante

Esta receita pode ser feita com qualquer fruta (com exceção das que escurecem, como a maçã). É refrescante, colorida e ideal para festas de aniversário.

59

Ratatouille

Ingredientes

1 berinjela com casca picada em cubos
1 abobrinha com casca picada em cubos
1 pimentão amarelo picado em cubos
1 pimentão vermelho picado em cubos
1 cebola branca picada
1 cebola roxa picada
2 tomates sem casca e sem sementes picados em cubos
2 dentes de alho (sem o gérmen)
4 colheres (sopa) de azeite
1 ramo de tomilho fresco
5 folhas de louro fresco
1 maço de alecrim frescas
Sal
Pimenta-do-reino moída na hora

Rendimento: 6 porções

Modo de preparo

Numa caçarola larga, doure a cebola no azeite. Adicione em seguida a berinjela e os pimentões até que adquiram cor e maciez. Posteriormente, coloque a abobrinha e os tomates. Mexa delicadamente por uns dois minutos. Junte o alho, tempere com sal e pimenta-do-reino. Preaqueça o forno a 180 graus. Num refratário, coloque a mistura dos legumes. Faça dois bouquets com as ervas e disponha em lados opostos da travessa para que aromatizem todo o prato.
Leve ao forno por cerca de 40 a 45 minutos. Retire as ervas antes de servir e, caso queira, salpique com salsinha.

Dica gourmet

Para evitar o sabor forte do alho, corte-o longitudinalmente e retire todo o miolo (gérmen).

60
Cuscuz marroquino com castanha de caju

Ingredientes

500 g de cuscuz marroquino
500 ml de caldo de legumes
1 cebola roxa picada
100 g de castanha de caju picada (xerém)
100 g de passas brancas
1 colher (chá) de *curry*
Raspas de um limão-siciliano
2 colheres (sopa) de azeite
Hortelã fresca
Sal e pimenta-do-reino a gosto

Rendimento: 6 porções

Dica gourmet

Se não quiser utilizar caldo de legumes, de frango ou de carne, use água quente. Não se esqueça de que é sempre o dobro da quantidade da sêmola de trigo. Já experimentei utilizar chás (em vez da água e do caldo), e o resultado é surpreendente. Experimente com chá de rosa ou de hortelã, fica maravilhoso. Use o cuscuz como salada fria também. Abuse, então, de tomatinhos cereja, manjericão e legumes finamente picados. Fica muito bom também com cubinhos de tofu temperado com ervas finas.

Modo de preparo

Esquente o caldo de legumes e hidrate o cuscuz. Aguarde cerca de 10 minutos, para a sêmola absorver o caldo. Enquanto isso, pique a cebola e doure-a no azeite. Na mesma panela, acrescente o *curry*, o xerém e as passas. Desligue o fogo. Com as mãos, desfaça o cuscuz. Misture-o aos outros ingredientes, mexendo bem e tempere com sal. Rale a casca do limão-siciliano por cima e mexa bem. Pique as folhas de hortelã delicadamente e jogue por cima do prato.

61 Abobrinha em conserva

Ingredientes

3 abobrinhas médias
6 dentes de alho
1 maço de hortelã fresca
1 xícara (chá) de azeite
Sal e pimenta-do-reino a gosto

Rendimento: 8 porções

Modo de preparo

Com o descascador de legumes, fatie as abobrinhas com casca. Coloque-as para assar, em forno a 180 graus, por dez minutos. Quando estiverem bem verdes, retire-as do forno. Numa travessa de vidro, faça camadas, intercalando: abobrinha, sal e pimenta-do-reino; azeite, alho em laminas e hortelã. Coloque na geladeira e coma gelado. Sirva com pães ou saladas.

Pratos substanciosos

62
Bacalhau à Brás

Ingredientes

500 g de bacalhau em lascas e dessalgado
4 colheres (sopa) de azeite
1 kg de batatas
7 ovos médios
3 cebolas brancas
1 molho de salsinha fresca
1 xícara (chá) de azeitonas pretas
Óleo suficiente para fritar as batatas
Sal e pimenta-do-reino a gosto

Rendimento: 6 porções

Modo de preparo

Deixe o bacalhau de molho por 12 horas e troque a água pelo menos quatro vezes. Descasque as batatas; rale-as no ralo mais grosso. Lave-as com bastante água fria e escorra-as com cuidado. Depois, com ajuda de um pano de prato, torça-as até retirar toda a água. Frite-as em gordura não muito quente e em fogo médio. Escorra em papel toalha. Reserve a batata palha. Em uma grande caçarola, refogue a cebola em fogo brando com pouco azeite. Em seguida, adicione o bacalhau desfiado e mexa sem cessar para que ele fique impregnado de azeite. Todas as etapas agora devem ser realizadas somente quando estiver perto de servir o prato. Bata os ovos com um garfo e tempere-os com sal e pimenta-do-reino moída na hora. Ainda com a panela no fogo, adicione a batata palha e junte os ovos ao bacalhau e às batatas. Mexa a mistura até que os ovos estejam em creme e cozidos. Quando atingirem esse ponto, acrescente as azeitonas pretas e polvilhe com muita salsinha.

Dica gourmet

O segredo deste prato simples do cardápio português (também conhecido como bacalhau dourado ou bacalhau à lisbonense) é a rapidez com que os ovos se misturam aos os outros ingredientes. Uma boa frigideira ou uma caçarola de fundo grosso são utensílios ideais para a sua elaboração.

63

Salada de feijão fradinho com bacalhau

Ingredientes

2 xícaras (chá) de feijão fradinho cozido
1 xícara (chá) de bacalhau desfiado e dessalgado

Molho vinagrete

½ xícara (chá) de tomates em cubos sem pele e sementes
½ xícara (chá) de cebola roxa em cubos
½ xícara (chá) de azeitonas pretas picadas
½ xícara (chá) de salsinha picada
2 colheres (sopa) de água
1 xícara (chá) de azeite
Suco de **1** limão
Sal e pimenta-do-reino moída na hora a gosto

Rendimento: 4 porções

Modo de preparo

Em uma caçarola, passe o bacalhau no azeite. Ajuste o sal. Misture o feijão com o bacalhau e reserve. Em seguida, faça o vinagrete: pique os tomates, as azeitonas, a cebola e a salsinha. Num recipiente que possa ser fechado, misture o azeite, a água, o limão, o sal e a pimenta-do-reino e chacoalhe bastante, até que o molho fique homogêneo. Junte então o feijão e o bacalhau com o vinagrete. Enfeite com salsinha e, se preferir, com ovinhos de codorna.
Conserve a salada na geladeira até servi-la.

64
Salmão com legumes

Ingredientes

4 filés de salmão (800 g aproximadamente)
1 alho-poró picado em cubos
1 bandeja de cogumelo Paris fresco
6 cebolas pequenas
2 dentes de alho
4 aspargos frescos inteiros
1 taça de vinho branco seco
Azeite para untar
1 ramo de dill fresco
½ xícara (chá) de caldo de peixe
Raspas de limão-siciliano
Sal grosso e pimenta-do-reino a gosto

Rendimento: 4 porções

☑ Dica gourmet

Sempre uso flor de sal ou sal marinho com espécies (pimenta rosa, *peperoncino*, *ciboulette*, etc.) no salmão. Há excelentes opções no mercado. A carne do peixe recebe e retribui o sabor desses temperos.

Modo de preparo

Tempere as postas do filé de salmão com sal, pimenta-do-reino e raspas de limão. Reserve. Unte uma forma refratária, arrume as postas no fundo e vá, delicadamente, colocando todos os outros ingredientes intercaladamente. Acrescente o vinho branco e o caldo de peixe e regue com azeite. Asse em forno médio (180-200 graus) por cerca de 20 minutos.

★ Dica importante

Este prato é versátil e pode ser feito com qualquer legume. Caso opte por batatas, ervilhas frescas ou cenoura, dê uma branqueada nessas antes de disponibilizá-las na forma refratária.

65 Filé de peixe com purê de banana-da-terra

Ingredientes

Peixe

4 filés de peixe branco (aproximadamente **1** kg)
1 xícara (chá) de vinho branco seco
Sal e pimenta-do-reino a gosto

Purê

2 bananas-da-terra cozidas
200 ml de leite de coco
1 colher (sopa) de *curry*
Raspas de gengibre
1 cebola branca ralada finamente
Azeite a gosto

Rendimento: 4 porções

Modo de preparo

Tempere os filés de peixe com o vinho, o sal e a pimenta-do-reino moída na hora. Reserve. Para o purê, cozinhe as bananas até ficarem bem macias. Amasse-as com a ajuda de um garfo. Em seguida, numa panela média, coloque o azeite e a cebola e leve ao fogo. Quando a cebola ficar transparente, adicione o *curry*, a banana, o gengibre e o leite de coco. Misture bem, em fogo médio, até que o purê fique consistente. Posteriormente grelhe os filés de peixe numa frigideira antiaderente, com pouco óleo. Evite virar o peixe mais de uma vez. Sirva-o junto com o purê.

66
Bobó de camarão com frango

Ingredientes

1 kg de mandioca
1 e ½ kg de camarões médios
500 g de camarão grande
100 g de camarão seco sem casca
1 kg de sobrecoxa de frango
2 kg de tomate
2 cebolas brancas grandes
½ pimentão vermelho
½ pimentão amarelo
4 dentes de alho
1 maço de cebolinha
1 maço de coentro
1 pimenta dedo-de-moça
400 ml de leite de coco
½ xícara (chá) rasa de dendê
Óleo
Sal e pimenta-do-reino a gosto
Azeite

Rendimento: 8 a 10 porções

Dica gourmet

Caso você tenha camarão seco com casca, cozinhe-o junto da mandioca.

Modo de preparo

Numa panela média, coloque um fio de óleo e doure uma cebola, 1 kg de tomate e o alho. Acrescente o frango temperado com sal e pimenta-do-reino e cozinhe lentamente. Após o cozimento, separe o frango do molho. Desfie as sobrecoxas em lascas finas e reserve.
Em outra panela, faça uma moqueca com os camarões. Utilize azeite de oliva, uma cebola bem ralada, 1 kg de tomate ralado, alho, sal, pimentões e a metade do dendê. Acrescente um pouco de água, se necessário. O cozimento é rápido. Depois de cozido despeje o coentro e a cebolinha picados.
A mandioca deve ser cortada em lascas finas. Cozinhe-a em água com uma pitada de sal. Quando estiver macia, espere esfriar e bata-a no liquidificador com o restante da água do seu cozimento.
Ao purê da mandioca, ainda no liquidificador, junte o caldo do cozimento do frango e bata.
Numa panela grande, junte a moqueca de camarão, o frango desfiado e purê de mandioca.
Acrescente o leite de coco e a metade restante do dendê. Deixe cozinhar até formar um creme homogêneo.

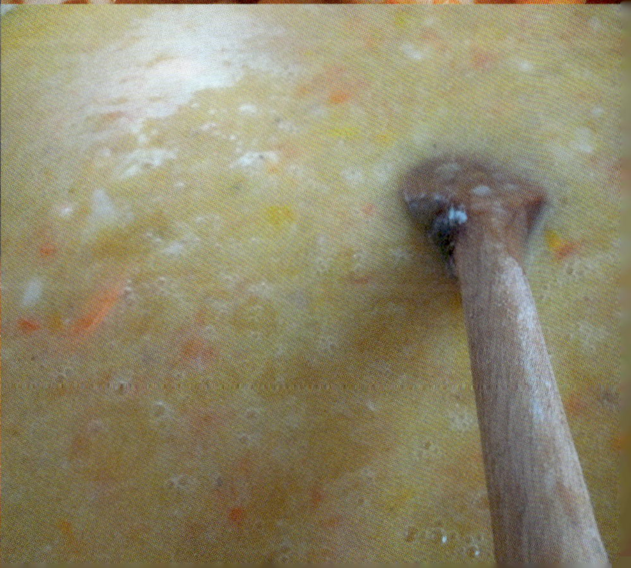

67
Camarão ao *curry*

Ingredientes

500 g de camarões médios
1 cebola média ralada
2 cm de gengibre picadinho
2 dentes de alho
½ colher (chá) de açafrão
½ colher (chá) de cominho em pó
1 colher (chá) de semente de coentro em pó
½ pimenta dedo-de-moça sem sementes
4 cardamomos
5 cm de canela em pau
400 ml de leite de coco
1 colher (sopa) cheia de azeite
Raminhos de coentro
Sal a gosto

Rendimento: 4 porções

Modo de preparo

Antes de ligar o fogo, amasse o alho e o gengibre, juntos, num pilão. Soque também o cardamomo, separadamente. Depois, aqueça o azeite e refogue a cebola. Quando a cebola ficar transparente, adicione o cardamomo e o pau de canela. Acrescente o alho e o gengibre, sempre mexendo para que não grude. Refogue por cerca de um minuto e junte todos os temperos em pó. Vá colocando o leite de coco e tempere com sal. Quando começar a borbulhar, adicione o camarão. Deixe ferver por uns três minutos, sempre mexendo. Coloque o coentro apenas quando desligar.

68

Salada de batatas com maionese de *curry*

Ingredientes

1 kg de minibatatas
1 xícara (chá) de azeitonas pretas com caroço
2 gemas
1 colher (sopa) de suco de limão
½ colher (sopa) de mostarda Dijon
250 ml de azeite (ou óleo)
1 colher (sopa) de *curry*
Sal e pimenta-do-reino a gosto
Folhas de salsinha fresca

Rendimento: 6 porções

★ Dica importante

Para a maionese sair perfeita, dois cuidados são necessários: primeiro, os ingredientes do molho devem estar em temperatura ambiente (ovo, mostarda e limão); em segundo, o azeite (ou óleo) deve ser despejado lentamente, em fio, aos poucos.

Dica gourmet

A maionese, como se sabe, pode ser utilizada em outros tantos tipos de salada. Para variar o sabor, aromatize-a com alho, wasabi ou até mesmo com anchovas e aliches. Utilize a maionese em saladas de massa (fusili, penne, parafuso, etc.).

Modo de preparo

Descasque as batatinhas e leve-as a uma panela funda com bastante água quente e sal. Quando estiverem ao ponto (se ficarem moles demais se desmancham na salada), retire-as e passe-as na água fria para estancarem o cozimento.

Maionese

No liquidificador, coloque as gemas, o suco do limão e a mostarda. Bata bem até que os ingredientes fiquem pálidos. Adicione então o azeite, bem devagarzinho e com o liquidificador ligado. O creme deve ficar espesso e firme. Só então acrescente o *curry*, o sal e a pimenta-do-reino. Bata mais um pouquinho. Junte a maionese às batatas e coloque as azeitonas e a salsinha. Misture delicadamente e leve à geladeira antes de servir.

69

Salada de arroz selvagem ao molho *ailloli*

Ingredientes

Arroz

250 g de arroz selvagem
250 g de cogumelo Paris picado grosseiramente
3 colheres (sobremesa) de óleo
2 colheres (sobremesa) de suco de limão
2 ovos
1 pimentão vermelho picado grosseiramente
2 xícaras (chá) de camarões médios
Sal e pimenta-do-reino a gosto

Molho ailloli

4 dentes de alho
1 gema de ovo
3 colheres (sopa) de azeite de oliva extravirgem
½ colher (sopa) de suco de limão
Pimenta-do-reino branca a gosto
1 pitada de sal

Rendimento: 4 porções

Modo de preparo

Arroz

Cozinhe o arroz selvagem no vapor até que os grãos fiquem *al dente*. Pique os cogumelos e, em seguida, cozinhe-os, no óleo e no suco de limão, por cerca de 10 minutos. Cozinhe os dois ovos. Pique-os em pedaços grandes e misture-os ao pimentão.
Cozinhe o camarão no vapor e depois, numa frigideira, salteie-o com um pouco de azeite e um dente de alho amassado. Tempere com um pouco de sal e pimenta-do-reino. Misture todos os ingredientes e reserve.

Molho

Soque num pilão os dentes de alho com uma pitada de sal e pimenta-do-reino. Adicione a gema de ovo. Reduza esses ingredientes a uma emulsão. Comece então a acrescentar, gota a gota, o azeite de oliva. Quando a gema tiver absorvido todo o azeite, adicione o suco de limão. Continue trabalhando o molho e acrescente mais azeite. Logo que começar a ficar firme, coloque uma colher de água morna. Continue mexendo até que o cheiro da gema desapareça por completo.
Quando o molho estiver pronto, misture-o ao arroz e salpique salsinha picada. Conserve na geladeira até servir.

☑ Dica gourmet

Pode-se misturar 250 g de lentilhas ao arroz negro. A salada fica deliciosa e mais rica. O *ailloli* é um molho provençal e pode ser feito no pilão, com garfo, colher de pau, *fouet*, no processador ou liquidificador. Nada mais é do que uma maionese de alho cremosa. E cabe ao cozinheiro ir verificando, no processo, se há necessidade de acrescentar mais azeite, limão ou água quente. Tempere a gosto, com páprica ou mostarda em pó.
Alice Toklas fazia sempre para sua companheira Gertrude Stein, antes de a escritora fazer uma conferência. Trata-se, como diz a talentosa Toklas, de um prato frugal e saboroso e que fica mais cremoso se se adicionar a água quente.

70
Arroz de polvo

Ingredientes

800 g de polvo
2 xícaras de arroz
2 colheres (sopa) de azeite
2 dentes de alho
1 cebola média picada
1 pimentão verde picado
1 tomate grande picado
1 xícara (chá) de vinho branco seco
200 ml de leite de coco
1 folha de louro
Raspas de gengibre a gosto
2 biribiris (ou **1** pimenta dedo-de-moça)
Salsinha, cebolinha ou coentro

Rendimento: 4 porções

Modo de preparo

Polvo

Coloque o polvo em uma panela de pressão com água, meia cebola picada e a folha de louro. Desligue depois de 30 minutos de pressão. Guarde a água. Fatie o polvo e reserve.

Arroz

Refogue a outra metade da cebola no azeite e depois adicione o arroz lavado e escorrido. Coloque o vinho branco e espere uns três minutos, até evaporar. Acrescente a água do cozimento do polvo. Verifique o ponto, o arroz deve estar *al dente*.

Finalização

Refogue o pimentão, o tomate, o alho, os biribiris ou a pimenta e o gengibre. Em seguida, acrescente o polvo e o arroz cozido. Coloque, aos pouquinhos, sempre mexendo, o leite de coco e deixe cozinhar por uns minutos. Sirva com salsinha ou coentro polvilhado.

71

Nhoque

Ingredientes

1 kg de batatas
1 gema de ovo
1 ½ xícara (chá) de farinha de trigo
Sal a gosto

Rendimento: 6 a 8 porções

★ Dica importante

Sabe-se que o sucesso desta receita depende da qualidade das batatas e do clima no dia do preparo. Você deverá ir dimensionando, assim, a quantidade exata de farinha de trigo. Se for servir imediatamente os nhoques, não é necessário colocar na água fria. Esquente no forno e sirva com o molho de sua preferência.

☑ Dica gourmet

Além do clássico molho à bolonhesa (p. 122), há, neste livro, uma receita de pesto (p. 67) sem queijo que fica delicioso. A batata Asterix é a mais indicada para o nhoque.

Modo de preparo

Cozinhe as batatas com casca em água abundante. Após 15 minutos no fogo, verifique se estão macias. Escorra a água e passe as batatas no espremedor. Polvilhe as batatas com a metade da farinha. Adicione a gema e comece a trabalhar a massa. Vá adicionando, bem aos pouquinhos, o restante da farinha. A mistura estará boa quando estiver macia.

Faça, posteriormente, vários rolinhos com a massa. Com o auxílio de uma faca bem afiada, corte os pedaços em diagonal (sugere-se 2,5 cm para cada nhoque). Polvilhe assadeiras com farinha de trigo e vá dispondo as bolinhas por cima.

Numa panela grande, coloque bastante água e adicione uma colher (sopa) de sal. Deixe ferver. Vá colocando na água quente cerca de 12 nhoques por vez. Quando começarem a boiar, transfira-os, como auxílio de uma escumadeira, para uma tigela com água fria e um pouco de azeite. Repita o processo até que todos os nhoques estejam cozidos.

72
Salada de penne com coentro e camarões

Ingredientes

500 g de penne tricolor
500 g de camarões médios cozidos no vapor
2 xícaras (chá) de brócolis (buquê)
2 xícaras (chá) de couve-flor (buquê)
2 xícaras (chá) de cenouras (cortadas à juliana) cozidas no vapor
1 xícara (chá) de azeitona preta
1 xícara (chá) de minimilho em conserva
1 xícara (chá) de palmito em conserva
2 dentes de alho
1 ovo inteiro
1 xícara (chá) de azeite
Suco de **2** limões
1 ramo de coentro fresco
Sal e pimenta-do-reino a gosto

Rendimento: 8 porções

Modo de preparo

Numa grande panela, coloque água abundante e sal. Quando ferver, adicione a massa e deixe cozinhar até que fique *al dente*. Escorra e deixe esfriar.
No vapor, cozinhe a cenoura, depois o brócolis e a couve-flor, todos separadamente. Numa tigela, coloque a massa e os legumes. Misture delicadamente. Em seguida, cozinhe o camarão no vapor e salpique um pouco de sal durante o cozimento.
Pique o palmito e o milho do tamanho dos penne, e a azeitona em pequenos pedaços. Junte esses ingredientes à massa com legumes. Mexa para que se misturem.
No liquidificador, coloque o ovo, o limão, o alho e o coentro e bata bem.Vá adicionando, bem aos poucos, o azeite. Ajuste o sal e a pimenta-do-reino. O molho deve ficar mais ralo do que uma maionese.
Misture então o molho de coentro com todos os outros ingredientes e coloque na geladeira.
Sirva a salada gelada.

73
Arroz de carreteiro

Ingredientes

600 g de charque (carne-seca)
3 xícaras (chá) de arroz
3 colheres (sopa) de óleo
2 tomates picados em cubinhos
2 cebolas brancas picadas
3 dentes de alho
½ pimentão amarelo picado
1 xícara (chá) de coentro picado
10 pimentas biquinho

Rendimento: 6 porções

Dica gourmet

Caso você disponha de biribiri, troque a pimenta biquinho por ela.

Modo de preparo

Retire o sal da carne-seca (ferva-a e troque a água quantas vezes forem necessárias).
Coloque a carne numa panela de pressão e cubra com água. Deixe cozinhar por meia hora. (Atenção: não jogue fora a água do cozimento da carne, ela será utilizado no preparo do arroz.)
Desfie a carne grosseiramente. Em uma panela de fundo grosso, coloque o óleo e doure a cebola e o alho. Refogue o arroz. Acrescente a carne e misture bem. Coloque então a água de cozimento da carne-seca. Tampe a panela e cozinhe em fogo médio. Se necessário, acrescente mais água. Cheque o ponto do arroz e do sal. Quando estiver pronto, transfira o arroz para um refratário e salpique com coentro fresco e com pimentas biquinho.

74
Feijoada

Ingredientes

200 g de bacon em manta
500 g de charque magro
500 g de costelinha suína defumada
300 g de lombo defumado
400 g de paio defumado (2 un)
400 g de linguiça defumada
1 orelha salgada
1 rabinho salgado
1½ kg de feijão preto
5 cebolas brancas médias cortadas em pétalas
10 folhas de louro
10 dentes de alho
1 maço de salsinha
1 maço de cebolinha

Rendimento: 12 a 15 porções

Modo de preparo

Carnes

Lave todas as carnes em água corrente. As salgadas (charque, orelha e rabinho) devem ser inicialmente cozidas em panela de pressão por pelo menos 30 minutos depois que a panela começar a apitar. Depois do cozimento, descarte a água e retire o que for possível da gordura do charque. Pique essas carnes em pedaços de aproximadamente três dedos em todas as dimensões. Em seguida, coloque os pedaços de orelha e rabinho em um tabuleiro com uma tela que afaste o conteúdo de seu fundo. As partes gordurosas das carnes e o bacon devem ser posicionados de maneira a escorrer quando aquecidas. Nesse mesmo tabuleiro devem ser colocadas todas as outras carnes (exceto o charque) gordas: linguiça, bacon, paio e costelinha. Asse em forno a 270 graus até ficarem bem douradas. De vez em quando, confira para ver se é necessário mudar a posição dos pedaços com uma pinça para garantir a máxima retirada da gordura. Depois de douradas as carnes, retire o tabuleiro do forno e, com auxílio da pinça, leve diretamente ao fogo as partes com couro, para queimar eventuais pelos. Reserve tudo juntamente com o charque já cozido e picado.

Dica gourmet

A boa feijoada deve ser iniciada no dia anterior ao consumo e para seu cozimento deve-se dar preferência a uma panela mais vertical do que horizontal, com capacidade de pelo menos 15 litros.

Feijão

Cate e lave o feijão preto e deixe-o de molho em água fria até inchar. Depois de hidratado, separe 1/3 (500 g) e leve para cozinhar em panela de pressão, acompanhado de uma cebola média picada em pétalas e três folhas de louro. Depois de cozido e já com a temperatura mais baixa (de morno a quente), bata o feijão no liquidificador e reserve. Na panela de 15 litros, coloque as outras cebolas, os dentes de alho esmagados, as folhas de louro restantes, os 2/3 de feijão e o charque pré-cozido. Acrescente água até três dedos acima dos ingredientes e inicie o cozimento em fogo alto. Depois que começar a ferver, abaixe o fogo. Mexa periodicamente, com cuidado para não desmanchar os pedaços de carne. Assim que o feijão estiver cozido, mas ainda um pouco duro, acrescente a linguiça, o paio, o rabinho e a orelha. Depois que a fervura for retomada, deixe cozinhar por mais uns 30 minutos. Acrescente o 1/3 de feijão batido e deixe cozinhar por mais meia hora. Junte o bacon assado e o lombo defumado por último. Continue mexendo, com mais cuidado ainda para não desmanchar os pedaços de carne. Verifique se a feijoada está agarrando no fundo da panela. Se isso acontecer é porque você mexeu pouco, e a mistura vai ter de ser transferida para outra panela para finalizar o processo, desprezando-se o que agarrou no fundo. Todo esse procedimento costuma durar de três a quatro horas. É esse o momento de interromper o cozimento até o dia seguinte, deixando a feijoada descansar sobre o fogão.
No dia seguinte, verifique se há

gordura acumulada na superfície da feijoada. Em caso positivo, remova-a com o auxílio de uma concha ou uma colher. Pelo menos três horas antes de se servir a feijoada, retome o cozimento, em fogo baixo e mexendo com cuidado, para não agarrar no fundo. Meia hora antes de servir, amarre os maços de salsinha e cebolinha com barbante de algodão branco e coloque-os na panela, forçando-os para o fundo com auxílio de uma colher. Se a feijoada estiver muito grossa, acrescente água fervente. Se estiver muito rala, destampe a panela para que evapore um pouco e adquira a consistência adequada. Retire as ervas amarradas e está pronta.
Recolha da feijoada três conchas de feijão e amasse-o com um garfo, acrescentando pimenta a gosto – sirva este molho à parte.
A feijoada deve ser acompanhada de laranja cortada em pedaços, fubá torrado ou farinha de mandioca, couve refogada cortada fininha e arroz branco.

75
Tartare nordestino

Ingredientes

300 g de carne de sol (contrafilé)
1 cebola roxa
2 colheres (sopa) de mostarda Dijon
1 pimenta dedo-de-moça sem semente
Sal

Rendimento: 4 porções

★ Dica importante

A carne de sol deve ter sido deixada de molho com água abundante. Sugere-se troca de água, como com bacalhau. Não se deve utilizar mostarda tipo *ancienne*. A receita original é com filé mignon, mas trata-se de um prato versátil, que pode ser feito com vários tipos de carne.

Modo de preparo

Pique minusculamente a cebola e a coloque de molho em água gelada. Limpe bem a carne de sol. Pique-a na ponta da faca o mais finamente possível. Pique as alcaparras e a pimenta. Misture todos os ingredientes e ajuste o sal. Coloque na geladeira.

Dica gourmet

Sirva com mandioca frita como batata palha.

76
Entrevero

Ingredientes

200 g de bacon
1 kg de lombo de porco
1 kg de filé mignon
1 kg de filezinho de peito de frango
1 kg de linguiça calabresa defumada
500 g de tomate
3 cebolas brancas grandes
1 pimentão amarelo
1 pimentão vermelho
Molho de soja
Tempero para as carnes (sal, pimenta-do-reino ou o que preferir)
Óleo suficiente para untar as carnes

Rendimento: 12 a 15 porções

Modo de preparo

Limpe bem as carnes, cortando-a em cubos de aproximadamente 3 cm. Corte o bacon em cubos menores e a calabresa em rodelas largas. Reserve em recipientes separados.
Corte os tomates (sem sementes), as cebolas e os pimentões (pedaços de 3 cm) e reserve.
Frite o bacon numa chapa grande, ou numa frigideira de ferro, apenas untada com óleo. Depois, na mesma chapa, sele o lombo, temperando a seguir; leve para as bordas da chapa. Faça o mesmo com os outros ingredientes, nesta ordem: calabresa, frango, filé, cebola, pimentão. Em seguida, misture tudo, despejando o molho de soja sobre as carnes. Sirva com salada verde. No Sul, é servido com pães.

77
Feijão tropeiro

Ingredientes

500 g de feijão roxinho cozido e escorrido
200 g de linguiça defumada
5 ovos
150 g de bacon em cubos (ou 200 g de toucinho defumado em cubos)
1 colher (sopa) de sal com alho
1 cebola média picadinha
1 colher (sopa) de óleo
Farinha de mandioca
Salsinha e cebolinha frescas a gosto

Rendimento: 8 porções

Modo de preparo

Cozinhe o feijão e reserve. Numa panela média, doure o bacon. Escorra a gordura e reserve. Numa frigideira antiaderente, frite os ovos em óleo abundante. Deixe-os inteiros. Reserve.

Em outra panela, frite as linguiças. Escorra o óleo.

Escolha uma panela grande, ou uma boa caçarola, para fazer a mistura final. Doure a cebola, com o sal com alho, na gordura que sobrou do bacon (ou do toucinho). Acrescente o feijão escorrido e deixe cozinhar por uns cinco minutos, sempre mexendo. Adicione os ovos, quebrando-os de forma irregular. Pique a linguiça em rodelas e junte ao tropeiro. Ajuste o sal.

Retire do fogo e só coloque a farinha de mandioca quando estiver perto de servir. Cubra com cheiro-verde.

78 Bacalhau com legumes

Ingredientes

Bacalhau

½ kg de filé de bacalhau dessalgado
4 dentes de alho
1 folha de louro
250 ml de azeite

Legumes

1 abobrinha com casca em cubos pequenos
1 berinjela em cubos pequenos
1 dente de alho picado
½ pimentão vermelho, sem pele e sem sementes
1 cebola roxa cortada à juliana
1 tomate vermelho sem pele e sementes
½ colher (sopa) de alcaparras
6 folhas de manjericão
Sal e pimenta-do-reino a gosto

Rendimento: 6 porções

Modo de preparo

Bacalhau

Coloque o bacalhau em uma travessa funda, junte o alho, o louro e todo o azeite. Cubra a vasilha com papel alumínio e deixe em forno brando (180 graus), por cerca de uma hora.

Legumes

Numa frigideira, adicione duas colheres do azeite em que foi feito o bacalhau. Doure primeiramente a cebola e o alho. Junte depois a berinjela, a abobrinha, o tomate e o pimentão. Mexa com cuidado. Acrescente então as alcaparras e as folhas inteiras de manjericão. Tempere com sal e pimenta a gosto.

Dica gourmet

Um purê de mandioca pode ficar bastante saboroso para acompanhar este prato. Sugere-se o uso de um pouco de noz-moscada e cebola para temperar o purê.

79
Canjiquinha com costelinha

Ingredientes

250 g de canjiquinha
1 kg e ½ de costelinha suína, cortada
1 cebola branca picadinha
2 colheres (sopa) de óleo
6 dentes de alho
1 colher (chá) de urucum
4 folhas de louro
Sal com alho a gosto
Salsinha fresca

Rendimento: 6 porções

Modo de preparo

Tempere a costelinha com sal, alho e duas folhas de louro. Deixe descansar por algumas horas (se possível, tempere um dia antes da execução e guarde a carne na geladeira, bem embalada).
Lave bem a canjiquinha em várias águas. Escorra. Numa panela média, coloque o óleo e doure o sal com alho. Despeje a canjiquinha e adicione o urucum. Vá colocando, lentamente, água quente. Mexa e deixe em fogo baixo por uns 15 minutos, sempre mexendo para que a canjiquinha não grude no fundo da panela.
Em outra panela, de fundo grosso, coloque um pouco de óleo e adicione a costelinha. Vá mexendo até que a carne fique completamente dourada e tenha soltado bastante a gordura. Caso necessário, despreze a gordura que vai surgir da costelinha. Em seguida, vá adicionando água quente. Deixe cozinhar por 30 minutos ou até a carne ficar macia.
Numa panela grande, misture a costelinha com a canjiquinha e deixe cozinhar por mais 30 minutos, em fogo baixo. Coloque o restante das folhas de louro. Verifique o tempero. Se for necessário, acrescente mais sal com alho. Pique finamente a salsinha e salpique no prato antes de servir.

80

Pernil assado com sálvia

Ingredientes

1 pernil suíno com osso
1 xícara (chá) de azeite
2 xícaras (chá) de vinho branco seco
1 maço de sálvia fresca
1 maço de salsinha fresca
4 folhas de louro
2 cebolas grandes
Raspas de **1** limão-siciliano
1 colher (café) rasa de molho de pimenta (ou **1** dedo-de-moça sem sementes)
Grãos de pimenta-do-reino preta e branca
Sal a gosto

Rendimento: 8 a 10 porções

Dica gourmet

Utilize para cada quilo de carne uma colher (sopa) rasa de sal. Diminua a quantidade de sal se a carne tiver muito osso.

Modo de preparo

No dia anterior, tempere o pernil. Faça o seguinte molho: no liquidificador, coloque as cebolas, a sálvia, a salsinha, o azeite, o vinho, as raspas de limão, a pimenta, a pimenta-do-reino e o sal. Bata bem até virar uma espécie de pesto. Espalhe esse molho, com as mãos, por todo o pernil. Coloque-o num saco de plástico, amarre e deixe na geladeira por 12 horas, no mínimo. Sempre que for possível mexa e vire o saco com o pernil dentro (não é necessário retirar da geladeira).
Lembre-se de programar uma hora de cozimento no forno para cada quilo de carne. Durante as primeiras horas, deixe o pernil enrolado num papel alumínio para que cozinhe. A temperatura do forno também é muito importante: comece com o forno a 180 graus e mude para 200 depois de umas duas horas. Vire o pernil apenas uma vez, de preferência quando for retirar o papel alumínio. E aumente a temperatura, para que doure, só depois de verificar que a carne já está cozida.

81
Filé com arroz sujinho

Ingredientes

Filé

6 bifes de filé mignon
2 colheres (chá) de molho inglês
1 colher (chá) de óleo
Sal e pimenta-do-reino a gosto

Arroz

4 xícaras (chá) de arroz cozido
Suco de **2** limões-sicilianos
Raspas de **1** limão-siciliano
200 g de cogumelos Paris frescos fatiados em lâminas
1 colher (sopa) de molho inglês
1 colher (sopa) de pimenta-verde em grãos
½ xícara (chá) de caldo de carne
Salsinha fresca

Rendimento: 6 porções

Modo de preparo

Tempere os bifes com sal, molho inglês e pimenta-do-reino moída na hora. Esquente uma frigideira, em fogo alto, por uns cinco minutos. Quando estiver bem quente (a ponto de não conseguir manter a mão aberta acima dela), regue com um pouco de óleo. Só então grelhe os bifes. Reserve a carne. Na mesma frigideira (não a lave!), junte o caldo de carne, o suco e as raspas do limão. Acrescente os cogumelos, a pimenta-verde, o molho inglês e, por último, o arroz branco. Misture bem. O arroz deve ficar molhadinho. Salpique com a salsinha picada.

Dica gourmet

Sirva os bifes com uma rodela de limão, acompanhados do arroz sujinho. Se desejar um acompanhamento verde, faça uma salada de agrião.

82
Fraldinha ao vinho

Ingredientes

1 kg de fraldinha
2 tomates em cubinhos (sem pele e sem sementes)
2 cebolas brancas em cubinhos
3 dentes de alho picados
1 xícara (chá) de vinho tinto
2 xícaras (chá) de caldo de carne
Salsinha
Sal e pimenta-do-reino a gosto

Rendimento: 6 porções

Modo de preparo

Limpe a fraldinha e tire toda a gordura. Corte-a em cubos grandes e tempere-a com sal e pimenta-do-reino. Reserve. Numa panela de pressão, doure o alho no azeite. Adicione a carne e mexa bem, até que doure um pouco. Junte a cebola e refogue mais um pouco. Regue a carne com vinho tinto e adicione logo depois o caldo de carne e os tomates. Tampe bem a panela de pressão e deixe cozinhar por cerca de 30 minutos. Espere a panela esfriar e retire a carne. Sirva-a salpicada de salsinha.

83
Farofa de banana

Ingredientes

2 bananas-da-terra maduras e picadas em cubo
4 ovos
100 g de bacon em cubos
500 g de farinha de mandioca
1 cebola roxa picada
1 xícara (chá) de azeite
1 xícara (chá) de cebola picada
1 xícara (chá) de salsinha picada
Óleo suficiente para fritar as bananas
Sal a gosto

Rendimento: 6 porções

Modo de preparo

Numa frigideira grande, doure o bacon e depois deixe escorrer em papel toalha. Reserve a gordura restante.
Frite os ovos, separadamente, em óleo novo. Em outra frigideira, frite as bananas-da-terra até ficarem macias. Na frigideira utilizada para o bacon, acrescente um pouco de azeite e doure as cebolas. Reúna, então, os ovos, o bacon e as bananas. Acrescente a farinha de mandioca, aos poucos, somente perto da hora de servir o prato. Ajuste o sal e coloque a salsinha.

84

Spätzle

Ingredientes

500 g de farinha de trigo
5 ovos médios
150 a **200** ml de água
Sal a gosto

Rendimento: 6 porções

Modo de preparo

Misture os ingredientes e bata-os até aparecerem bolhas. Sugere-se, para fazer a mistura, um *fouet* ou uma colher de pau com buraco.

A massa estará pronta quando cair lentamente da colher, sem se despedaçar. Coloque o aparelho de fazer o *spätzle* sobre uma panela com água fervente antes de iniciar o cozimento. Sempre que os *spätzle* aparecerem na superfície da água, retire-os com escumadeira e coloque-os numa peneira. A espagueteira é excelente para este preparo.

Dica gourmet

Ao modo de Schwaben: cubra o *spätzle* com cebola caramelizada. Para fazê-la, corte em rodelas finas. Numa larga frigideira, adicione azeite suficiente para untar toda a superfície. Quando a cebola estiver transparente, acrescente uma colher de chá de açúcar mascavo. Mexa até a cebola escurecer.

85
Gulasch

Ingredientes

1 kg de músculo
1 colher (sopa) de óleo
½ xícara (chá) de vinho tinto seco
100 g de bacon
500 g de cebolas graúdas bem picadas
1 colher (sopa) de páprica suave
1 colher (sopa) de páprica picante
¼ de xícara (chá) de pimentão verde picado
Sal e pimenta-do-reino a gosto

Rendimento: 6 porções

Modo de preparo

Corte a carne em cubos (5 cm) e sele-os no óleo. Retire a carne e reserve. Regue a frigideira com o vinho, raspando bem com uma colher de pau. Acrescente uma xícara de água à frigideira para soltar o caramelizado da carne com vinho. Despeje o líquido em uma panela com os cubos de carne e leve ao fogo; tampe a panela. Pique o bacon e refogue na frigideira em fogo baixo até liberar a gordura. Acrescente as cebolas, aumente o fogo e doure. Salpique com sal, pimenta-do-reino e páprica. Misture bem e regue a frigideira com ¼ de xícara de água.
Despeje o conteúdo na panela em que está cozinhando a carne. Deixe cozinhar por cerca de duas horas, acrescentando um pouco de água quando necessário. Tempere com mais um pouco de sal e a pimenta-do-reino e cozinhe com a panela destampada até engrossar o molho. Sirva com *spätzle*.

86

Bife à milanesa com arroz de ervilhas frescas

Ingredientes

Para a carne

6 bifes de miolo de alcatra (ou 1 kg)
1 ovo inteiro
1 xícara (chá) farinha de rosca
1 xícara (chá) farinha de trigo
Sal e pimenta-do-reino

Para o arroz

1 xícara (chá) de arroz negro cozido
2 xícaras (chá) de arroz branco cozido
8 vagens de ervilha torta
5 dentes de alho
1 colher de azeite
1 cebola branca ralada finamente
Sal a gosto

Rendimento: 6 porções

Modo de preparo

Bifes

Tempere a carne com sal e pimenta-do-reino. Em seguida, coloque a farinha de trigo num recipiente e a farinha de rosca em outro.

Siga, então, três passos:

- Passe o bife temperado na farinha de trigo.
- Passe o bife no ovo. Siga este processo: bata o ovo. Quando estiver esbranquiçado, coloque uma colher (sobremesa) de água e uma colher (chá) de sal. Misture bem.
- Empane o bife na farinha de rosca.

Deixe os bifes na geladeira por 30 minutos. Só depois os frite em óleo quente. Escorra em papel toalha.

Arroz

Numa caçarola, esquente o azeite e doure a cebola e o alho. Junte as ervilhas e salteie os legumes. Aguarde, por uns três minutos o cozimento das ervilhas (devem ficar *al dente*). Acrescente os dois tipos de arroz e mexa bem.

87
Lombo de cordeiro com melaço de romã

Ingredientes

Para o lombo

6 bifes grossos de lombo de cordeiro (aproximadamente 200 g cada)
1 maço de tomilho fresco
2 dentes de alho
Sal e pimenta-do-reino a gosto
Azeite

Para o molho

2 xícaras (chá) de caldo de carne
¼ xícara de melaço de romã
4 colheres (sopa) de mel
1 colher (chá) de maisena
Sal
Pimenta-do-reino

Rendimento: 6 porções

Modo de preparo

Tempere os lombos de cordeiro com alho, sal, azeite, pimenta-do-reino e tomilho fresco. Deixe descansar por cerca de uma hora. Esquente uma frigideira e grelhe os lombos de ambos os lados. Para o molho, coloque todos os ingredientes numa panela, leve ao fogo e deixe reduzir 30%. Dissolva um pouco do amido de milho para que o molho encorpe ligeiramente. Sirva logo em seguida sobre os lombos. Enfeite com raminhos de tomilho.

88
Arroz de pato

Ingredientes

1 pato cortado em pedaços
4 xícaras (chá) de arroz branco
1 maço de cebolinha
1 salsão
1 maço de tomilho
1 maço de salsinha
500 g de tomate sem pele
2 cebolas brancas
2 embutidos portugueses ou um bom paio
2 xícaras (chá) de vinho branco seco
Sal e pimenta-do-reino a gosto
Azeite

Rendimento: 6 porções

Modo de preparo

Corte o pato e retire toda a sua pele. Separe em uma vasilha todos os pertences da ave (despreze o fígado) e reserve a pele em outro recipiente. Tempere o pato com sal e pimenta-do-reino.
Posteriormente cozinhe-o com os seguintes ingredientes: embutido português, cebola branca, salsão, vinho branco e um *bouquet garni* composto de tomilho, salsinha e cebolinha frescos. Cozinhe o pato até a moela ficar no ponto. Coe todo o caldo e reserve. Posteriormente, desfie grosseiramente a ave, aproveitando todas as partes (inclusive a carne entremeada ao pescoço).
Numa larga frigideira, doure, com pimenta-do-reino e sal, a pele do pato. Se der muita gordura, vá retirando os pedaços brancos e os descarte. Acrescente o tomate e dê uma refogada. Depois de uns cinco minutos, acrescente o arroz. Quando o arroz estiver *al dente*, junte a carne do pato. Unte a mistura com um bom azeite português.

89 Molho à bolonhesa (ou ragu)

Ingredientes

350 g de patinho moído
350 g de pernil suíno moído
1 kg de tomates maduros (sem casca e sem sementes) ou **2** latas de tomate em pedaços
1 xícara (chá) de cenoura ralada finamente
1 xícara (chá) de salsão ralado finamente
1 xícara (chá) de vinho tinto seco
2 cebolas roxas raladas finamente
1 litro de caldo de carne
2 folhas de louro frescas
10 folhas de manjericão (de preferência basílico)
2 colheres (sopa) de azeite
Sal e pimenta-do-reino moída na hora
Noz-moscada

Rendimento: 6 porções

Modo de preparo

Numa panela grande e em fogo médio, coloque o azeite e depois as cebolas. Mexa até que fiquem esbranquiçadas, transparentes. Adicione o salsão e a cenoura e continue mexendo. Cozinhe por cerca de dois minutos, mexendo bem.

Coloque então as carnes e deixe dourar, mexendo sempre, até que elas percam a cor vermelha. Quando começarem a grudar no fundo da panela, regue-as com o vinho tinto. Espere o vinho evaporar e ponha as folhas de louro, uma pitada de noz-moscada e em seguida o tomate. O caldo de carne deve ser inserido à medida que o molho for secando, como forma de hidratação. Deixe cozinhar por cerca de 50 minutos, sempre mexendo. Verifique o ponto de cozimento. O molho deverá ficar espesso. Tempere com sal e pimenta-do-reino apenas no final. Quando estiver perto de servir, salpique com as folhas de manjericão finamente picadas.

Dica gourmet

Se você quiser substituir a carne suína por uma boa linguiça defumada, o molho também ficará delicioso. Não se esqueça de que deverá abrir a linguiça com uma faca e utilizar apenas seu recheio. Marcela Hazan diz que o casamento ideal é entre o ragu bolonhês e a massa chamada tagliatelle. Uma vez pronto, o molho pode ficar guardado na geladeira por três dias, desde que num recipiente bem vedado.

90
Frango à provençal

Ingredientes

2 kg de sobrecoxa de frango
10 minicebolas
30 dentes de alho com casca
1 maço de tomilho
1 maço de alecrim
1 xícara (chá) de azeite
1 xícara (chá) de vinho branco
1 bandeja de cogumelo Paris
1 limão
Sal e pimenta-do-reino a gosto

Rendimento: 6 porções

Dica gourmet

O frango pode ser substituído por pato em pedaços e servido com uma boa massa.

Modo de preparo

Tempere o frango com sal, pimenta-do-reino e um pouco de suco de limão. Doure as sobrecoxas rapidamente, numa frigideira, com um pouco de azeite. Reserve. Nessa mesma frigideira, passe rapidamente as cebolas. Numa panela de barro, despeje um pouco do azeite, posicione as sobrecoxas do frango, o vinho, as cebolas, e vá intercalando os dentes de alho com casca. Por último, adicione as ervas. Leve ao forno a panela de barro coberta com papel alumínio e deixe assar, numa temperatura média, por cerca de uma hora e meia. Retire-a do forno minutos antes de servir e adicione os cogumelos. Deixe a panela tampada por alguns minutos para que o cogumelo fique no ponto.

Sobremesas para arrematar

91

Torta de nozes

Ingredientes

Massa

12 ovos batidos como para pão de ló (primeiro as claras em neve, depois as gemas)
1 kg de nozes com casca (ou 400 g sem casca) moídas
½ kg de açúcar refinado
6 colheres (sopa) cheias de farinha de pão

Baba de moça

350 g de açúcar
1 ¼ xícara (chá) de água
7 gemas de ovo
500 ml de leite de coco ou leite grosso extraído da fruta

Rendimento: 12 porções

★ Dica importante

Pode-se utilizar xerém de nozes, em vez de moê-las. Deve-se lembrar que a baba de moça demora a esfriar; assim, aconselha-se iniciar o preparo da torta pela cobertura, e não pelo bolo.

Modo de preparo

Massa

Bata as claras, acrescente as gemas e continue batendo ao adicionar, aos poucos, o açúcar, a farinha de pão e as nozes. Homogeneíze bem com uma espátula. Unte com óleo e polvilhe com farinha de rosca duas formas redondas de 25 cm. Coloque metade da massa em cada uma e asse.

Baba de moça

Misture (fora do fogo, para não açucarar) o açúcar e a água. Leve ao fogo até chegar ao ponto de fio. Retire do fogo e deixe esfriar. Bata um pouco as gemas, de modo que saia o cheiro do ovo e acrescente o leite de coco. Junte essa mistura à calda. Leve ao fogo bem baixo, mexendo sempre, até que fique no ponto.

Montagem

Desenforme os bolos, fure-os bem com palito e recheie com a baba de moça. Cubra todo o bolo com a baba e enfeite com nozes inteiras.

92
Suspiro

Ingredientes

2 claras de ovo
$^2/_3$ de xícara (chá) de açúcar

Rendimento: 50 unidades

☑ Dica gourmet

Experimente o suspiro com morangos frescos ou com as caldas de frutas (ver receitas das páginas 35, 36 e 38).

Modo de preparo

Preaqueça o forno em temperatura bem baixa (100 a 150 graus) e forre uma assadeira com papel-manteiga. Na batedeira, bata as claras em neve. Quando alcançarem um ponto firme, vá acrescentando o açúcar bem aos poucos, batendo sem parar, até que fique brilhando. Com uma colher de sopa, distribua a mistura na assadeira em pequenas porções. Caso prefira os suspiros menores, utilize um saco de confeiteiro.

93
Doce de abóbora com coco

Ingredientes

2 kg de abóbora madura
1 xícara de água
1 kg de açúcar
1 coco ralado
Canela em pau e cravo a gosto

Rendimento: 50 a 60 bolinhas

Modo de preparo

Descasque a abóbora e corte em cubos. Coloque numa panela e leve ao fogo baixo com a água até que esteja bem macia. Junte o açúcar, a canela e os cravos e deixe cozinhar em fogo baixo, mexendo até desprender da panela.
Acrescente o coco e cozinhe por mais 20 minutos.
Para servir, molde os doces em pequenas bolotas e enfeite com cravo ou, caso prefira, em pequenas vasilhas para comer com colher.

94

Mingau de tapioca

Ingredientes

1 e ½ xícara (chá) de tapioca
2 xícaras (chá) de leite de coco
2 xícaras (chá) de coco ralado
2 xícaras (chá) de água
Canela em pó a gosto

Rendimento: 10 porções

Modo de preparo

Em uma tigela, deixe a tapioca de molho no leite de coco por 10 minutos. Em seguida, leve ao fogo e acrescente o coco, o açúcar e a água, aos poucos, mexendo sempre até obter um creme encorpado. Depois de pronto, coloque em um refratário e polvilhe com canela em pó.

95

Colchão de noiva (ou rocambole de goiaba)

Ingredientes

6 ovos
6 colheres (sopa) de açúcar
6 colheres (sopa) de farinha de trigo peneirada
½ xícara (chá) de goiabada derretida

Rendimento: 10 fatias

Modo de preparo

Na batedeira, bata as claras em neve e, em seguida, junte as gemas, sem parar de bater. Acrescente as colheres de açúcar, uma a uma. Faça o mesmo com a farinha de trigo. Forre uma assadeira com papel-manteiga e unte com óleo. Leve ao forno preaquecido em temperatura médio-baixa por mais ou menos 15 minutos ou até dourar. Depois de assado, polvilhe com açúcar e vire o bolo sobre um pano de prato limpo e levemente úmido. Recheie com a goiabada derretida e enrole com a ajuda do pano até formar um rocambole.

96 Cocada

Ingredientes

1 coco ralado (aproximadamente ½ kg)
1 kg de açúcar
1 xícara (chá) de água

Rendimento: 25 a 30 unidades

Modo de preparo

Faça uma calda com a água e o açúcar, até obter o ponto de pasta. Acrescente o coco e mexa até que cristalize. Unte uma assadeira com creme vegetal (ou óleo de coco) e despeje a cocada. Espalhe e deixe esfriar. Corte em quadradinhos ou losangos, como preferir.

97

Gelatina de cachaça

Ingredientes

1 kg de açúcar refinado
1 pacote de gelatina vermelha em pó sem sabor
3 pacotes de gelatina incolor em pó sem sabor
1 colher (chá) de essência de abacaxi
3 copos (americanos) de água
1 copo (americano) de cachaça

Rendimento: 50 pedaços

★ Dica importante

Esta gelatina não deverá ser conservada na geladeira, e sim em um pote fechado.

Modo de preparo

Leve ao fogo, numa panela grande, os três copos de água e os quatro pacotes de gelatina. Mexa até a gelatina dissolver (mais ou menos três minutos).

A seguir, acrescente o açúcar e a cachaça, mexendo sempre, por aproximadamente 20 minutos, em fogo baixo.

Quando adquirir o ponto de fio, vire a mistura numa assadeira de alumínio pequena, molhada com água.

No dia seguinte, corte em pedaços, utilizando uma faca pequena passada em água quente.

Passe os pedaços cortados em açúcar refinado.

98
Sopa de frutas vermelhas

Ingredientes

200 g de morangos frescos fatiados
200 g de abacaxi fresco em cubinhos
1 pêssego fresco em cubinhos
10 uvas sem sementes cortadas ao meio
200 g de amoras
200 g de framboesa
1 limão
1 xícara (chá) de suco de laranja
1 xícara (chá) de açúcar
1 xícara (chá) de água
1 xícara (chá) de licor de laranja
5 cardamomos
2 paus de canela
2 anis estrelados
10 folhas de hortelã

Rendimento: 6 porções

Modo de preparo

Corte e pique as frutas frescas e regue com suco de limão, para que não amarelem. Numa panela funda, ponha a água, o açúcar, os anis, os cardamomos e o pau de canela. Quando começar a ferver, abaixe o fogo e adicione o licor. Depois, o suco de laranja. Vá adicionando, bem devagarzinho, as frutas – as vermelhas primeiro. Misture com cuidado e desligue apos uns dois minutos no fogo. Sirva com sorvete de limão e folhinhas de hortelã.

Dica gourmet

Esta receita fica excelente quando se conjuga frutas vermelhas (framboesa, amora, morango) a outras cítricas (abacaxi, limão, laranja), para balancear. Já utilizei vários tipos de licores, mas os melhores são os de fruta. Evite banana e mamão, mas abuse de kiwi, damasco, lichia e carambola (cortada como estrela).

99
Figos *ramy*

Ingredientes

12 figos maduros
2 xícaras (chá) de açúcar refinado
1 xícara (café) de café coado forte

Rendimento: 6 porções

Modo de preparo

Corte os cabos dos figos. Limpe os figos com um pano úmido e os disponha na panela de pressão com a parte onde ficavam os cabos para cima. Salpique o açúcar por cima dos figos e regue posteriormente com o café coado.
Cozinhe por cerca de 30 minutos após soar o apito da panela de pressão. Abra a panela e volte com ela para o fogo, destampada, para secar um pouco a calda que restou. Deve-se desligar o fogo quando a calda estiver como mel.

100

Pudim de claras

Ingredientes

Pudim

8 claras
16 colheres (sopa) de açúcar

Calda de caramelo

2 xícaras (chá) de açúcar
1 xícara (chá) de água

Rendimento: 10 porções

Modo de preparo

Calda de caramelo

Numa panela, coloque a água e o açúcar e mexa até dissolver. Leve ao fogo alto para caramelar e não mexa mais. Quando dourar, desligue o fogo. Numa forma de pudim (com furo no meio), despeje o caramelo e, girando a forma, espalhe nas laterais. Reserve.

Pudim

Separe, cuidadosamente, as claras das gemas. Na batedeira, bata as claras até que fiquem absolutamente em neve. Vá adicionando o açúcar aos poucos, com a batedeira ligada. Transfira a mistura para a forma (já caramelizada). Coloque a forma dentro de uma assadeira com água morna e, no forno pré-aquecido, a 180 graus, deixe assar por cerca de 30 minutos, em banho-maria. Atenção: na hora de desenformar, o pudim não pode estar nem quente nem frio. Coloque um prato por baixo e vire de uma só vez.

Dica gourmet

Caso queira variar, utilize calda de morango ou de frutas vermelhas, em vez da tradicional calda caramelizada. Ou aproveite as gemas e faça uma deliciosa baba de moça para acompanhar o pudim.

Receita especial

Leite de peito de frango

Ingredientes

150 g de peito de frango (sem pele e sem ossos)
80 g de maltodextrina (16 medidas niveladas)
30 g de cereal de arroz infantil (3 colheres de sopa bem cheias)
20 ml de óleo de girassol
1 colher (café) rasa de sal
5 ampolas de 10 ml de gluconato de cálcio a 10%
Água do cozimento de legumes e folha (ver Modo de preparo)

Rendimento: 4 mamadeiras

Dica gourmet

Pingue algumas gotas de baunilha no leite ou raspe um pouquinho da fava da baunilha.

Dica importante

Escolha legumes e verduras orgânicas e procure frango sem hormônios. É aconselhável também utilizar carne de rã, que é rica e proteica. Esta receita dura apenas 12 horas, se refrigerada. Aconselha-se dar o leite de frango na mamadeira, de três em três horas, ou de acordo com o apetite do bebê.

Modo de preparo

Rale no ralo grosso três legumes (descascados e muito bem lavados) de cores diferentes (amarelo, branco e verde) e rasgue uma verdura de folha verde-escuro. Acrescente água filtrada até cobrir todos os legumes e a verdura. Deixe ferver por cerca de 5 a 10 minutos. Escorra e reserve a água. Cozinhe a carne de frango picadinha em água filtrada até ela ficar bem macia. Coloque o frango cozido com o restinho da água do cozimento no liquidificador. Acrescente todos os ingredientes, menos o gluconato, e bata bem até formar uma pasta bem rala e fina. Vá acrescentando, então, a água do cozimento dos legumes, vagarosamente, até completar 1 litro. Por último, acrescente o gluconato de cálcio. Coe com uma peneirinha bem esterilizada.

Agradecimentos

Esta antologia não seria viável sem a ajuda de muitas pessoas. É tarefa impossível nomear amigos e familiares que me passaram receitas, que trouxeram novidades em relação a produtos sem leite, que elaboraram, nos aniversários e em outras datas comemorativas, pratos deliciosos sem leite e derivados. Dedico esta edição, assim, a todos os que se sensibilizam e encaram esta restrição alimentar.

A ajuda das seguintes pessoas, no entanto, é pontual e requer agradecimento especial: Wilma e muitas vezes Wilma; Ellen (leitora atenta), Tia Lota.

Porfírio, coautor de tudo; Tereza, Tunico, Anna, Pat e Vala.

Pai, Wander e Junia.

Aos médicos: Raquel Pitchon, Leonardo Mourão, Simonete Aguiar.

Aos mestres: Alice Toklas, Nina Horta, Marcela Hazan e, principalmente, Humberto Passeado (quase meia dezena de pratos deste livro são adaptações livres que fiz das receitas criadas por ele).

A Eli e Hindy Lawar (pelas mil e uma noites), Susi Schunemann, Lúcia Diniz, Marcelo Drummond, Bruna Trotta (auxílio precioso), Manuela Barbosa, Diana Finger, Rogério Andrade Paixão, Helô Cheib.

A Cecília Guedes, Eva, Luzia, Dilma, Antônia, Bete, Teia e Graça: pelo capricho no dia a dia.

Aos colegas, funcionários e alunos da Faculdade de Letras da UFMG.

Aos fotógrafos: Vânia Cardoso, Bel Diniz, Porfírio Valladares e Daniel Mansur.

Créditos das imagens

p. 6 Castanha do para 1 – Creative Commons/s58y
p. 6 Amora 1 – Creative Commons/Mike McCune
p. 12 Sabrina e João – Porfírio Valladares
p. 13 Guacamole 1 – Creative Commons/Beatrice Murch
p. 16 Introdução bolo – Vânia Cardoso
p. 18 Bolo de banana e granola – Bel Diniz
p. 19 Broa delicada de fubá – Porfírio Valladares
p. 21 Bolo de cenoura com calda de chocolate – Bel Diniz
p. 24 Coco – Creative Commons/Hafiz Issadeen
p. 25 Bolo de mexerica – Daniel Mansur
p. 27 Bolo nega maluca – Daniel Mansur
p. 29 Bolo fofinho de chocolate – Vânia Cardoso
p. 30 Baby cake – Bel Diniz
p. 33 Bolo de frutas – Porfírio Valladares
p. 34 Maçã 1 – Creative Commons/Sudhamshu Hebbar
p. 34 Castanha do para 2 – Creative Commons/Agência de Notícias do Acre
p. 37 Calda de morango – Bel Diniz
p. 38 Mel – SXC
p. 40 Amendoas1 – Creative Commons/Alexi Ueltzen
p. 40 Gemas 1 – Creative Commons/Sean
p. 41 Muffin – Vânia Cardoso
p. 43 Pferffekuchen – Vânia Cardoso
p. 45 Bolo de mel e vinho do Porto – Porfírio Valladares
p. 48 Bolo de aveia – Daniel Mansur
p. 50 Guacamole 4 – Hungry Dudes
p. 52 Patê de tofu – Porfírio Valladares
p. 53 Sardela – Daniel Mansur
p. 54 Gazpacho 1 – Javier Lastras
p. 55 Pimenta – Creative Commons/Agriculturasp
p. 56 Beringela – Creative commons/F Delventhal
p. 57 Guacamole 2 – Creative Commons/stu_spivack
p. 59 Tortilha espanhola 1 – Creative Commons/Luca Nebuloni
p. 63 Sopa de abóbora – Bel Diniz
p. 65 Tabule 1 – Creative Commons/Javier Lastras
p. 66 Ceviche – Creative Commons/leyla.a
p. 67 Legumes grelhados – Bel Diniz
p. 67 Legumes grelhados – Bel Diniz
p. 69 Salada de repolho – Porfírio Valladares
p. 71 Lagarto em conserva – Vânia Cardoso
p. 72 Linguicinha – Vânia Cardoso
p. 73 Romã – Creative Commons/moarplease
p. 74 Babaganouch - Daniel Mansur
p. 77 Homus - Daniel Mansur
p. 79 Bolinho de bacalhau – Porfírio Valladares
p. 83 Abobrinha em conserva – Daniel Mansur
p. 81 Pimentão amarelo – Creative Commons/Darren Kirby
p. 81 Pimentao vermelho – Creative Commons/Lucas Cobb
p. 87 Bacalhau a Brás – Daniel Mansur
p. 88 Salada de feijão – Daniel Mansur
p. 94 Camarão ao curry – Porfírio Valladares
p. 97 Arroz selvagem – Creative Commons/Whitney
p. 98 Arroz de polvo – Porfírio Valladares
p. 103 Arroz de carreteiro – Daniel Mansur
p. 105 Feijoada – Porfírio Valladares
p. 108 Bacon – Creative Commons/Joy
p. 110 Salsa – Jean-Etienne Minh-Duy Poirrier
p. 110 Canjiquinha com costelinha – Daniel Mansur
p. 114 Fraldinha ao vinho com farofa de banana – Daniel Mansur
p. 119 Bife à milanesa – Porfírio Valladares
p. 120 Romã 2 – Creative Commons/Steven Depolo
p. 120 Alho – Creative Commons/stu_spivack
p. 126 / 133 Gelatina de cachaça – Vânia Cardoso
p. 129 Torta de nozes – Bel Diniz
p. 123 Molho a bolonhesa – Daniel Mansur
p. 137 Pudim de claras – Daniel Mansur

Este livro foi composto com tipografia Electra e impresso
em papel Couché fosco 115g/m² na Paulinelli Serviços Gráficos